leykam: *seit 1585*

Bettina Balàka (Hg.)

WECHSELHAFTE JAHRE

Schriftstellerinnen übers Älterwerden

leykam: *Belletristik*

Inhaltsverzeichnis

09
Margret Kreidl, *1964
Auszählen

11
Vorwort

15
Katja Oskamp, *1970
Alte Frauen mit Rädern

21
Katrin Seddig, *1969
Die gestandene Frau

35
Linda Stift, *1969
Ein rosa Pudel zieht ein

47
Bettina Balàka, *1966
Maturatreffen

55
Ruth Cerha, *1963
Entpuppung

71
Barbara Hundegger, *1963
Lauter Frauen

83
Ulrike Draesner, *1962
Eine Frau wird älter

101
Sabine Scholl, *1959
Nackt sein

113
Alida Bremer, *1959
Close, but no cigar

127
Zdenka Becker, *1951
Tanzen im Kopf

139
Marlene Streeruwitz, *1950
Wir Betrogenen.

149
Barbara Honigmann, *1949
Älter und älter

155
Marianne Gruber, *1944
Die Schwerkraft der Meinungen

169
Barbara Frischmuth, *1941
Für Schriftsteller gibt es keine Pension

185
Renate Welsh, *1937
Verwurlt

197
Biografien

Margret Kreidl, *1964

AUSZÄHLEN

50 ist das neue 50,
mit 40 wars auch nicht besser,
mit 60 liegst du unter dem Messer,
mit 70 bist du jünger,
vier mal 20 und dünner,
zähl bis 90,
dann bist du 100 für immer.

VORWORT

Im Wiener Technischen Museum befindet sich in der Luftfahrtsammlung eine Informationstafel, die bei jüngeren Menschen Staunen erregt. Neben den Schaukästen mit den verschiedenen Stewardessenuniformen der Austrian Airlines hängt sie und teilt mit: Bis zum Ende der 1970er Jahre durften Stewardessen nicht älter als 27 Jahre sein – dann mussten sie den Beruf wechseln. Dies lag nun keineswegs daran, dass es sich bei der Flugbegleiterinnentätigkeit um einen Hochleistungssport handelt, sondern in der zarten Rücksichtnahme auf das Auge des männlichen Fluggastes: Er sollte nicht durch Falten, graue Haare und ähnliche Schrecknisse bei den Frauen, die ihm das damals noch üppige Menü servierten, um den Appetit gebracht werden. Ich kann mich noch gut daran erinnern, wie die Stewardessen taxiert wurden: Ist die nicht schon viel zu alt für den Job? Na, die schaut aber nicht aus, als ob sie noch allzu lange fliegen dürfte! Usw. Und dann, in den 1980er und 1990er Jahren (den „Dohnal-Jahren", wie ich sie nenne), stellte man als junge Frau beim Einsteigen in ein Flugzeug erleichtert fest: Was für ein

Glück, die ist mindestens schon vierzig – gut, dass sich die Zeiten geändert haben!

Altsein ist relativ. Eltern bemerken es, wenn sie ihr Kind danach fragen, wie alt denn der neue Lehrer sei, und es sagt: „Uralt. So um die dreißig." Und hat man nicht selbst mit sechzehn schon die Achtzehnjährigen für unglaublich reif und erwachsen gehalten? „Traue keinem über dreißig", hieß es in den 1960er Jahren – die, die das sagten, haben die Dreißiger mittlerweile längst hinter sich gelassen. Denn das ist das Interessante am Älterwerden: Jeder weiß, dass er betroffen sein wird, doch gefühlsmäßig glaubt keiner daran.

Altsein ist abhängig vom Geschlecht und von der historischen Epoche: Während im 19. Jahrhundert eine sechsundzwanzigjährige Frau am Heiratsmarkt nur mehr schwer zu vermitteln war, war ein gleichaltriger Mann noch eher zu jung zum Heiraten.

Im zeitgenössischen öffentlichen Diskurs spielt sich das Leben von Frauen primär in der ersten Lebenshälfte ab. Die Vereinbarkeit von Mutterschaft und Berufstätigkeit, der Zugang zu Verhütungsmitteln, die Besteuerung von Binden und Tampons, Abtreibungsregelungen, die Finanzierung von Kinderbetreuungseinrichtungen – die

Themen der Frauenpolitik beziehen sich meist (und natürlich auch zu Recht) auf die reproduktive Phase des Frauenlebens. Doch angesichts der heutigen Lebenserwartung folgen im Anschluss noch einige weitere Jahrzehnte, die deutlich weniger im Fokus der öffentlichen Wahrnehmung stehen.

Klimakterium, Menopause, Wechseljahre – allein die Begriffe sind so unsexy, dass man sich gar nicht damit beschäftigen mag. Und danach kommt allenfalls noch eine Existenz als Großmutter oder Pflegerin noch älterer oder morbiderer Anverwandter.

Doch sieht das Leben von Frauen jenseits der fünfzig tatsächlich so aus?

Wie ist es, wenn man keine Kinder hat? Wenn die Kinder aus dem Haus sind? Gleichaltrige Männer gerade ihre Zweit- oder Drittfamilien gründen? Ist die Menopause ein Horror oder eine Befreiung? Was hätte man selbst gerne von älteren Frauen erfahren, als man noch jünger war? Was kann man über die Jahrzehnte feministischen Bemühens erzählen, die man überblickt?

In diesem Buch geht es um Frauen, die eine Vielzahl von Verwandlungen durchgemacht, sich ver- und entpuppt haben. Ob erzählend oder essayistisch – die hier versammelten Texte beschreiben ebenso realistisch wie humorvoll das Gute und das Nicht-so-Gute, das Erwartete und das Unerwartete, den Traum und die Wirklichkeit. Vieles, was gesellschaftlich geändert werden konnte, hat sich gebessert, was jenseits der Machbarkeit liegt, ist dagegen eine Frage des Glücks. Adaptionsstrategien werden entwickelt und in erstaunlicher Vielfalt präsentiert.

Ich danke all den großartigen Schriftstellerinnen, die sich mit Sprachgewalt, Fantasie, Witz und unverbrüchlicher Lebenslust diesem Thema annäherten und ihre Reflexionen den Leserinnen und Lesern aller Generationen zum Geschenk machen.

Bettina Balàka

Katja Oskamp, *1970

ALTE FRAUEN MIT RÄDERN

Die alten Frauen mit Rädern hatten Erledigungen zu machen. Sie bewegten sich langsam vorwärts, im Schneckentempo. Sie atmeten schwer, sie keuchten schon, obwohl sie den Großteil der Strecke noch vor sich hatten. Sie schauten nach unten, stoppten vor jeder noch so flachen Bordsteinkante, und erst wenn sie zu stehen kamen, hoben sie den Blick, um sich zu vergewissern, dass sie nicht vom Weg abgekommen waren. Sie ließen sich erschöpft auf der Sitzfläche ihres Gefährts nieder, das ihr Gefährte war. Sie pausierten, und ich sah so flüchtig in ihre Gesichter, wie sie in meines sahen. Ich suchte nach dem erstbesten Ausdruck. Wie ein Karikaturist fahndete ich nach der einen hervorstechenden Eigenschaft, die das Leben den alten Frauen in die Gesichter gemeißelt hatte. Ich identifizierte Scham, Furcht, Entrüstung. In den schaurigsten Gesichtern stand ein bitterer Vorwurf wie eine Gravur. In den lustigsten hing eine schiefe Frage, die niemand mehr beantworten würde, ein für alle Mal fest.

Auf meinen Wanderungen durch die Stadt fand ich in allen Altfrauengesichtern: Verschlossenheit. Während sie gegen die Schmerzen arbeiteten, versuchten sie, die Trägheit ihrer müden Knochen zu überwinden. Dabei blickten sie nicht auf die Straße, nicht auf die Passanten, nicht auf den Verkehr, sondern nach innen. Denn einerseits hörten und sahen sie nicht mehr gut und ihnen schwindelte. Andererseits war das Außen zu laut, zu grell, zu schnell geworden. Sie kehrten sich ab von einer Welt, die sie nicht mehr verstanden und in der sie längst ein Hindernis darstellten, schwerfällig, lahm und mit jenen klobigen, von der Krankenkasse bezahlten Rollgestellen, die den Krückstock aus der Mode gebracht hatten.

Ich dachte über Räder nach:

Dreirad, Rollschuhe, Fahrrad.

Kinderwagen, Auto, Rollkoffer.

Hackenporsche, Rollator, Rollstuhl.

Essen auf Rädern.

Und über die glattglänzenden Flure der Palliativmedizin rollt, von jungen dunkelhäutigen Männern geschoben, das Intensivpflegebett.

Wer am Rollator ging, war noch nicht am Ende.

Wer, Himmel, hatte diese ungeheuerliche Masse an alten Frauen mit Rädern über der Stadt ausgekippt? Warum half ihnen niemand? Weil die Männer rausgeflogen, abgehauen oder gestorben und die Kinder weggezogen waren. Weil die alten Frauen niemandem zur Last fallen wollten und Hilfsangebote ablehnten. Weil sie auf die klugen Leute hörten, die in Fernsehsendungen erklärten, dass Bewegung das A und O sei, um unabhängig und gesund zu bleiben. Dasselbe sagten die Ärzte den alten Frauen mit Rädern; dasselbe sagten die Kinder, wenn sie einmal in der Woche anriefen.

Auch ich hatte ein Kind, das ausgezogen war. Es studierte in einer anderen Stadt, rief seltener als einmal in der Woche an und befand sich in der Fahrradphase. Den Mann, der zwanzig Jahre mein gewesen war, hatte ich gebeten, nicht mehr wiederzukommen. Auch er lebte nun in einer anderen Stadt und befand sich in der Hackenporschephase. Ich befand mich in der Rollkofferphase, was der Beruf mit sich brachte. Ab und zu ging die Schriftstellerin auf Lesereise – Bahnhöfe, Flughäfen, Hotels.

Räder sind ein Segen für Leute, die es eilig haben. Räder sind ein Segen für Leute, die nichts tragen wollen oder können, manche nicht einmal sich selbst.

Ich hatte es, wenn ich durch die Stadt wanderte, nicht eilig. Ich genoss meine Radlosigkeit. Ich wanderte, weil Bewegung das A und O war, um unabhängig und gesund zu bleiben. Ich wanderte, weil ich die Hackenporschephase hinauszögern wollte, der auf dem Fuße die Rollatorphase folgen würde. Ich war fünfzig Jahre alt und hatte gelernt, dass sich nach Abschieden neue Möglichkeiten auftaten. Bevor man sie ergreifen konnte, musste man sie erkennen. Um sie zu erkennen, musste man schauen und offen sein wie das Gesicht von Doris Lessing. Ich wanderte, ich schaute.

Die alten Frauen mit Rädern hievten sich von der Sitzfläche hoch, strichen die Jackenschöße glatt, kontrollierten zum wiederholten Mal, ob der Wohnungsschlüssel noch da und der Reißverschluss der Handtasche geschlossen war. Die zittrigen, rheumatischen Hände mit den schwachen Gelenken umfassten die Kunststoffgriffe. Die Augen fixierten die Bordsteinkante, dann die Straße, und wenn kein Auto kam, nahmen die alten Frauen alle Kraft zusammen und schoben ihren Gefährten und sich Meter um Meter voran. Sengte die Hitze, wurde der Gang zur Apotheke zur Marter. Pfiff der Sturm, wurde der Gang zum Zeitungsladen zur Schikane. Trieb der Schnee, wurde der Gang zum

Supermarkt zur Tortur. Was da von dannen rollte, war meine Zukunft.

Ich würde die guten Hosen anziehen, die Haare frisieren, die Brille putzen. Das Portemonnaie sicher verstauen, das Taschentuch griffbereit in die Jackentasche stecken, den empfindlichen Hals mit einem Tüchlein schützen. Kurz vor dem Aufbruch, dessen frühen Zeitpunkt ich mit Bedacht gewählt haben würde, würde ich noch einmal aufs Klo gehen in meiner kleinen Wohnung. Dann würde ich mich allein auf den Weg machen, nur begleitet vom Rollator, dem sperrigen Requisit.

Katrin Seddig, *1969

DIE GESTANDENE FRAU

Ich bin zweiundfünfzig Jahre alt. Manchmal meinen irgendwelche Leute sagen zu müssen: „Wirklich? Das hätte ich nicht gedacht." Ich weiß dann nicht, was diese Leute wirklich gedacht haben, aber ich weiß, was diese Worte sollen: Ein Kompliment an mich sein. Obwohl ich zweiundfünfzig Jahre alt bin, sehe ich aus wie achtundvierzig. Es ist gesellschaftlicher Konsens, dass es schlechter ist, zweiundfünfzigjährig auszusehen als achtundvierzigjährig. Das gilt besonders für eine Frau. Jedes Jahr sieht sie wieder ein Jahr schlechter aus und es kann in dieser Hinsicht nur ein Ziel geben: die Welt zu täuschen.

Warum? Ein Jahr unseres Lebens ist dafür bestimmt, uns zweiundfünfzigjährig aussehen zu lassen, wir haben diese einjährige Chance, zweiundfünfzig zu SEIN. Warum sollen wir diesen Sachverhalt vertuschen wollen?

Was ist das für ein Unsinn, der uns stolz erröten lässt, wenn jemand uns für jünger hält oder es wenigstens vortäuscht?

Meinen fünfzigsten Geburtstag eröffnete ich mit den Worten: „Wenn ich mich so umsehe, dann sind hier alles alte Leute, wie kann das nur sein?" Es war ein Scherz, aber es war auch die Wahrheit. Um mich herum waren meine Freund*innen, gerade waren sie noch jung gewesen, und wie ich sie so alle beisammenstehen sah, war es mir ganz deutlich, dass sie es nicht mehr waren. Es erfüllte mich mit einer großen Zärtlichkeit. Wir werden sterben, dachte ich, aber jetzt sind wir noch hier. Wir feiern meinen Geburtstag, wir feiern mein Alter.

Meine Mutter hat in ihrem Leben sehr viel Schürze getragen. Vielleicht deshalb habe ich sie nie als jung empfunden, obwohl sie es gewesen ist, eine junge Mutter. Viel jünger als ich, als ich mein erstes Kind bekam, aber ich bin mir sicher, sie hat nie die Absicht gehabt, jemanden über ihr Alter zu täuschen. Sie hat möglicherweise nicht einmal jung sein wollen. Das Jungsein erschien ihr als etwas Ungehöriges, etwas, das zu einer verheirateten Frau mit Kindern nicht passte. Das Ziel einer Frau sollte es sein, eine „Gestandene" zu werden. Sie sagte es über andere und mit kritischem Seitenblick auf mich, als eine nicht auf die richtige Art älter Werdende: „Sie ist eine gestandene Frau."

Meine Mutter sah sich in der Pflicht, sehr viel zu arbeiten. Sie sah sich in der Pflicht, immer rechtzeitig (bevor man es sah) die Fenster zu putzen, Gemüse anzubauen, unsere Kleidung zu ändern, zu backen und zu kochen. Sie wollte eine gute Gärtnerin sein, eine gute Hausfrau, eine gute Arbeiterin. Sie arbeitete längere Zeit im Schichtdienst. Sie wollte auch eine gute Ehefrau und eine gute Mutter sein. Sie konnte es nicht begreifen, dass es zu viel war. Andere schafften es doch auch? Sie war optimistisch. Sie war stark. Sie war verzweifelt.

Dann konnte sie keine gute Mutter mehr sein. Wir waren Kinder und verstanden es nicht, niemand verstand es, weder unsere Mutter noch unser Vater, aber es ging einfach immer so weiter. Arbeit war alles. Müßiggang war für den Sonn- und den Feiertag. Am Sonn- und Feiertag machte unsere Mutter alles extra sauber, dann kochte sie ein besonderes Mittagessen, wusch das Geschirr ab, buk einen Kuchen, bediente die Gäste, räumte alles auf. Das war ihr Müßiggang.

Als unsere Mutter so alt war wie ich jetzt, war sie alt. Sie sagte es auch, sie sagte: „Ich alte Frau." Unser Vater sagte es auch: „Wat willst du olle Frau denn da?"

Eine „olle" Frau gehörte an viele Orte nicht hin. An die meisten Orte gehörte sie nicht hin. Eine alte Frau gehörte nach Hause. Sonst, verkündete er, machte sie sich lächerlich. Auch unsere Mutter selbst hatte Sorge, sich lächerlich zu machen. Aber manchmal tat sie es und ging irgendwohin, wo alte Frauen sich durch ihre Anwesenheit lächerlich machten. Sie machten sich lächerlich durch ihren öffentlich entblößten Drang, am Leben noch teilzunehmen. Ein Fest zu besuchen, ein Konzert im Park, einen Ausflug zu machen. Es waren ganz bescheidene Dinge. Die Bescheidenheit an sich war lächerlich. Dass es nicht um mehr ging.

Wir Mädchen wussten, wir wollten ein anderes Leben. Wir gingen weg. Die DDR war tot. Die Gesetze galten nicht mehr, gar keine Gesetze, auch die unserer Mutter nicht, aber die hatten noch nie gegolten, nicht für mich.

Ich hatte schon immer die Bücher. Mich interessierte das Geistige, Texte, Bilder, Musik und alles, was anders war als das, was ich kannte, aufregend und fremd. Das Gute konnte nur im Fremden zu finden sein. Alles Vertraute war abgenutzt und klein und hässlich. Der Haushalt kotzte mich an. Ich war nicht bereit für den Haushalt. Ich dachte, ich wäre anders als meine Mutter, ich dachte, ich wäre auf eine grundlegende Art anders, die mich vor der Schürze und all dem Sich-in-der-Pflicht-Fühlen bewahrte.

Aber dann kamen die Kinder und ich ergab mich. Ich ergab mich den Kindern, ich ergab mich der Mutterschaft, ich ergab mich dem Haushalt. Ich gehörte zu den Müttern, die das Buffet beim Sommerfest bestückten. Ich wollte es nicht, aber ich tat es. Ich gewann diesen Dingen auch Freude ab, es war ja mein Leben, ich zwang ihm Glück ab, ich begriff, dass es nicht anders geht, dass wir dem Leben das Glück abzwingen müssen, während es tickt wie eine Uhr. Ich bestückte tausendmal das Buffet. Ich bestückte und bestückte. Es gibt keinen Ausweg aus diesen Buffets. Es ist die Liebe, die übergroße Liebe, die einen in diese Falle lockt.

Und plötzlich steht sie offen. Es war ein Schock. Fünfzig Jahre alt und die Falle steht offen. Die Kinder ausgezogen. Ich war nicht darauf vorbereitet, nicht auf die Trauer, nicht auf das plötzliche, neue Altsein.

Da steht man dann, im kalten Licht der Freiheit. Aus dem Mutterstand entlassen, der Buffets enthoben, bloß Frau? Was ist übrig von der unbeherrschten jungen Studentin, die plötzlich schwanger wurde und überrollt von ihrem eigenen Leben, und einszweidrei steht sie da, in diesem kalten Licht, und ist irgendwas mit fünfzig?

Meine Freundin sagte letztens, dass in all den Jahren ihres Lebens die Dinge nach und nach immer besser wurden. Die Kinder wurden selbstständiger, die Wohnung schöner, die finanziellen Dinge regelten sich, es ging Stück für Stück bergauf, sagte sie, aber seit einiger Zeit käme es ihr so vor, als ob das aufgehört hätte. Als wenn es jetzt von Jahr zu Jahr ein bisschen schlechter würde, als wenn jetzt alles bergab ginge, im Privaten und im Gesellschaftlichen.

Ich wusste, was sie meinte. Es war ja alles darauf ausgerichtet gewesen, dass es den Kindern gut geht. Es ist das höchste Ziel, man muss es um jeden Preis erreichen, dass die Kinder eine glückliche Kindheit haben, sonst haben wir versagt. Natürlich haben wir versagt. Plötzlich waren die Kinder unglücklich, man trennte sich, selbstsüchtiges Verhalten, aufgestaute Gefühle, Anmaßung und Geschrei, mittendrin die Kinder und die unglückliche Kindheit, die man ihnen an dieser Stelle bereitet hat. Man wollte es nicht, aber man hat sie unglücklich gemacht. Man hat sie vielleicht nachhaltig geschädigt. Man ist schuld und man will es wiedergutmachen. Alles steckt man in die Wiedergutmachung.

Im Rückblick kommt es mir so vor, als ob die Kinder und all der Stress des Glücklichmachens uns in dieser uns so in Anspruch nehmenden privaten Welt fixiert hatten, dass wir oft das Außen nicht richtig wahrnehmen konnten, oder es einfach nicht mehr als relevant empfanden, durch ein düsteres Gewölk von Schuldbewusstsein hindurch, hinsichtlich der gesellschaftlichen Verpflichtung des politischen Handelns. Uns Mütter – die mir nahen Frauen, die ich liebe, auch, weil sie sind wie ich, weil sie und ich noch so waren, wie unsere Kinder vielleicht nicht mehr sein werden –, dieser uns verbindende, bittere Gedanke der überlebten Haltung, Beweis unserer Fehler, unsere gemeinsame Schwäche.

Als ich ein Kind war, kannte ich nur Frauen, die arbeiten gingen. Über Feminismus wurde nicht nachgedacht, so ein Wort kam gar nicht vor. Es war einfach nicht nötig. Die Frau war dem Mann ja schon gleichgestellt. Unsere stolzen, werktätigen Frauen, die manchmal zusammenbrachen unter diesen sozialistischen Ansprüchen und die wir dafür am achten März ehrten. Als ich in den Westen kam, stieß ich auf den Feminismus, er schien mir ein Hobby der „besseren" Mädchen zu sein. Ihnen ging es doch schon gut, sie hatten genug Geld und konnten studieren und sich ein Auto kaufen? Dieser Feminismus schien mich nicht zu betreffen. Er sprach nicht meine Sprache und kam in mir nicht vor. Ich war eine durch Geburt in der DDR dem Mann bereits gleichgestellte Frau.

Es kam der Tag, da fiel dieser sehr durchsichtige Schleier von mir ab, ich saß auf der Kante meines Bettes und ich sah es endlich ein, dass ich immer nur ein Mädchen gewesen war und später nur eine Frau. Das Wissen um dieses „Nur" war tief in mir verwurzelt, es gehörte nicht zu mir, es haftete mir nicht an, es *war* ich. Ich war *nur*, nicht nur nicht gleichgestellt, sondern minderwertig durch Geburt. Ich hatte nie darüber nachdenken müssen, weil dieses Wissen mich ausmachte. Das Selbst in Frage zu stellen, dieses mich mitkonstituierende „Nur", war ein schmerzhafter und mein früheres Ich zerstörender Akt.

Ich hatte mir irgendwann ein Buch gekauft, „100 Bücher", ein literarischer Kanon, herausgegeben von der Wochenzeitschrift *Die Zeit*, mir war bis zu diesem Tag nicht aufgefallen, dass neunundneunzig Bücher darin von Männern und nur eines von einer Frau geschrieben waren. Wenn es mir aufgefallen wäre, hätte ich geglaubt, dass Frauen nicht so relevante Bücher schrieben. Ich hätte das vielleicht nicht formuliert, aber ich habe es gewusst. Die Welt, in der man wächst, scheint die normale zu sein, die einzige, die es gibt. Aber es gibt eine andere.

Der Literaturbetrieb ist auch nur ein Betrieb. Männliche Attitüde wird oft als Haltung interpretiert, weibliche Genauigkeit als schwach empfunden. Es gibt Literatur und Frauenliteratur. Protagonistinnen taugen für Frauen, Protagonisten für alle.

Die ältere Frau hat gegenüber der jüngeren den Vor- und den Nachteil, dass sich niemand mehr für sie interessiert, weil *die Alte keiner mehr sehen will*. Das Junge, Neue ist die Hoffnung, die kleine, grüne Pflanze. Wer als ältere Frau noch nicht erfolgreich ist, der wird es auch nicht mehr werden. Die Welt hat ihren Blick schon abgewandt. Erwartungen sind gegangen. Aufmerksamkeit ist verpufft. Der jüngere Autor wird lieber eingeladen als die ältere Autorin. Aus beruflicher Sicht ist das wenig schön, insbesondere was die Möglichkeiten angeht, auf der Bühne zu stehen. Aber wenn von uns älteren Frauen nicht mehr viel erwartet wird, dann können wir auch nicht mehr so viel verkehrt machen.

Nun aber stehe ich hier, in dieser doppelten, unfreiwilligen Freiheit, das Öffentliche, das Politische, das Gesellschaftliche treffen mich mit weit geöffneten Augen an. Das Private hat den Rückweg angetreten. Das Private, was ist das? Ein Rest der Invasion, ein Fotoalbum, ein Anruf, ein Freundeskreis im Garten.

Wir Nicht-mehr-Mütter sind in die Gesellschaft zurückgekehrt. Auch wenn es die Gesellschaft vielleicht genau andersherum sieht. Das kommt darauf an, wer die Gesellschaft ist, und auf den Standpunkt darin. Sind wir nun an diesem Ort, an dem wir meinen, uns zu befinden, relevant? Sieht man uns gern? Duldet man uns oder braucht man uns? Und wer ist man? Wer ist für *uns* relevant, wen sehen *wir* gern und wen brauchen *wir*? Wir uns selbst vielleicht? Können wir unseren eigenen Bedarf und uns selbst als unsere eigene Gruppe erschaffen? Arbeiten wir damit aber dann nicht an unserem eigenen Ausschluss?

Es wird jetzt mehr über „uns" geredet. Wir sind das. Wir haben schon damit begonnen, „wir" zu sein, die keine Angst mehr haben, uns lächerlich zu machen, wenn wir Ansprüche erheben, auf Sichtbarkeit und Wirksamkeit. Auch wenn dieses Selbstverständnis nicht allgemein auf Wohlwollen trifft. Auch wenn der älter werdenden Frau immer noch und wieder empfohlen wird, sich zu schämen. Wir aber nehmen uns die Freiheit. Wir tragen unsere Themen in die Welt. Die Welt reagiert interessiert, uninteressiert, gelangweilt, erfreut, angeekelt, hasserfüllt.

„Wer will die Alte denn noch sehen?"[1]

---

[1] Kommentar unter einem bei Facebook geposteten Artikel über eine ältere Schauspielerin.

Das ist die große, die entscheidende Frage: Wer will diese Alte, die ich bin, denn noch sehen? Haben wir ein Recht darauf, gesehen zu werden? Schwindet dieses Recht mit zunehmendem Alter? Ist es eine Frage von Angebot und Nachfrage? Ist es also ein marktwirtschaftlich reguliertes Recht?

In der Bundesrepublik gab es über Jahrzehnte ein relativ konstantes Bild von der Mutter, der Hausfrau, der Oma. Die Mutter wurde direkt zur Oma. Daneben gab es in der öffentlichen Wahrnehmung das Bild der Abweichlerin, der „komischen Frau", der Lesbierin, der Alleinstehenden, dem Fräulein, der Nonne, der Frigiden, der Emanze. Nichts davon war erstrebenswert.

In der DDR war die Frau ein Symbol, dem zu entsprechen ihr nicht gelang. Irgendwann gingen ihr die Kräfte aus. Irgendwann sank sie ins Menschsein zurück. Als Arbeiterin. In der Latzhose. Mit der Nelke im Knopfloch und einer harten Sprache im Mund. Der Sprache der Arbeit.

Aus diesen unterschiedlichen Bildern habe ich mir ein eigenes kreiert. Zuerst war es ein leeres, weil negativ gespeistes, später entdeckte ich ein anderes Frausein, das mich manchmal erschreckte und manchmal abstieß, das mich aber weniger anödete und mitunter faszinierte. Ich entdeckte die arrogante, die extravagante, die zynische, die lustige, die anmaßende, ausschweifende, übertreibende, unbescheidene, laute und wütende Frau. Ich fand sie in Büchern, in Filmen, in Universitäten, auf Bühnen und sogar im Supermarkt. Es gibt sie ja. Es gab sie immer. Wir müssen sie nur nicht so hassen. Wir müssen uns selbst ermächtigen, dann müssen wir diese Frauen auch nicht mehr so hassen.

„Was denkst du denn eigentlich, wer du bist?", sagte meine Mutter zu mir. Das war so einer ihrer Sätze. Weil ich mich falsch kleidete, weil ihr schien, ich inszenierte mich unbescheiden.

Was denke ich denn eigentlich, wer ich bin?

Wer will die Alte denn noch sehen?

Das sind schon zwei Fragen, die ich mir stelle, die mich jeden Tag begleiten.

Nicht von der Bühne abzutreten, im doppelten Sinne, ist ein Vergehen. Den Jungen den Platz wegzunehmen. Den Anderen die eigene, gealterte Erscheinung zuzumuten. Glauben, jemand zu sein, immer noch. Das löst Hass aus. Ich will gar nicht auf die Gründe eingehen, ich will mich da gar nicht reindenken.

Wie also jetzt leben, unter diesen Vorzeichen, mit dieser Welt, mit alldem, was wir immer noch können und jetzt endlich wissen?

Das ist es, was mich jetzt beschäftigt. Kein falscher Optimismus, keine einfachen Antworten. Ich bin zweiundfünfzig Jahre alt. Ich überlege mir, wer ich nun sein will. Ich gehe meiner Arbeit nach. Ich habe meine Freundinnen. Ich denke, es wird gehen.

Linda Stift, *1969

EIN ROSA PUDEL ZIEHT EIN

Als ich fünfzehn war, schien mir schon dreißig eine Altersgrenze zu sein, die ich vermutlich gar nicht erreichen würde, geschweige denn fünfzig, und wenn doch, dann konnte ich mir absolut nicht vorstellen, was dann aus mir geworden sein sollte, obwohl ich doch Ideen hatte, wie ich mir mein künftiges Erwachsenenleben, das für mich so weit weg war wie eine Mondlandung, ausmalte. Vor allem wollte ich weg von meinem kleinen Dorf in die Stadt, wobei ich die nächstgrößere Stadt, nämlich Graz, aussparte. Gleich weiter weg wollte ich, womöglich ins Ausland – welches, war mir nicht klar. Ich wollte vielleicht eine „Ausländerin" werden, für mich war dieser Begriff äußerst positiv besetzt, durch eine Art von Literatur, die ich als Kind und Jugendliche ungefiltert rezipierte, teils aus den Bücherschränken meiner Großmutter und meiner Mutter oder der

Gemeindebücherei. „Der Ausländer" war dort meist ein reicher Herr, weitgereist, mit dickem Bauch, goldenen Uhren und glänzenden Autos, auf jedem Kontinent zu Hause, in allen Sprachen sprechend, die „Ausländerin" vielleicht eine Künstlerin, eine Sängerin oder Schauspielerin, die in sündhaft teuren und unpraktischen Kleidern und hohen Schuhen mit einem geföhnten rosa Pudel an der Leine durch die Stadt spazierte und sich um nichts kümmerte. Der man den Notenständer oder das Drehbuch nachtrug und die sich allerhand Launen erlauben konnte. Nun, so eine Ausländerin ist nicht aus mir geworden, auch mit über fünfzig nicht.

Da ich damals in einem erbitterten Kampf gegen meinen Körper lag – ich hatte mir die Bulimie antrainiert (und dachte, ich wäre die einzige Person auf der Welt, die das könne) –, kam das alles für mich sowieso nicht in Frage, der tägliche Überlebenskampf mit Fressen, Kotzen, Geld dafür Organisieren und Schule war anstrengend genug, und ich blickte kaum über ein paar Tage hinaus.

Dass es ein Ideal von einem Frauenkörper gab und noch immer gibt – da hilft die ganze Body Positivity wenig –, dem ich nicht entsprechen konnte, hat mich mein Leben lang, seit man mich das erste Mal darauf aufmerksam gemacht hat, beeinflusst, und es wird mich wohl auch jenseits der fünfzig weiter beschäftigen. Es war der Kinderarzt, der mich untersuchte, ich war sieben oder acht Jahre alt, und er meinte, ich sei ja wohl zu stark und da müsse man schon aufpassen. Mit „stark" war leider nicht gemeint, dass ich besondere Muskelkräfte gehabt hätte, sondern zu viel Körper. Wenn ich heute Fotos von mir aus dieser Zeit betrachte, dann bekomme ich immer noch eine enorme Wut, denn ich war ein völlig normalgewichtiges Kind. Ich frage mich, was sich der Kinderarzt vorstellte, sein Schönheitsideal müssen magere Mädchen gewesen sein, die sich zu ebenso mageren Frauen à la Twiggy auswachsen sollten, was mir mein Leben lang nicht gelungen ist. Meine mageren Zeiten waren kurz bemessen, und selbst als ich am Höhepunkt meines persönlichen Untergewichtes war, sah ich immer noch weniger mager als allenfalls zart aus. Diese weiblichen Rundungen, die ich seit damals bekämpfte, bekam ich nicht weg, und erst mit Mitte dreißig begann ich mich vorsichtig damit zu arrangieren, dachte nicht mehr tagtäglich daran. Vielleicht, weil mein Körper nicht mehr ständig kommentiert wurde, das hat sich im Lauf der Jahrzehnte schon ein wenig gewandelt, die Männer, die glauben, dass man als Frau nur darauf wartet, im öffentlichen Raum für den Körper gelobt zu werden (wenn es nur das wäre, meist sind es versteckte und offene Beleidigungen oder Drohungen, mit denen man es zu tun hat), werden doch, zumindest in nicht rechten Kreisen, weniger – oder trauen sie sich nur nicht mehr? Sie können zumindest öffentlich keine Punkte mehr damit machen. Andererseits ist es erst vier Jahre her, dass etwa Schweden ein Gesetz verabschiedet hat, dem zufolge nur ein ausdrückliches Ja zum Geschlechtsverkehr ein echtes Ja ist, kein Vielleicht gilt und auch nicht Passivität. Der Aufschrei war groß, das mache doch alles keinen Spaß mehr, Flirten sei nicht mehr möglich und am Ende würden die Schweden aussterben …

Jetzt, mit fünfzig plus, wo sich die sogenannte Menopause ankündigt, die ich mit Skepsis erwarte bzw. auch irgendwie ignoriere, bin ich nicht mehr so streng zu mir, wobei ich schon eine innere Gewichtsgrenze habe: Wenn ich die erreiche, schrillen bei mir alle Alarmglocken. Was aber nicht heißt, dass ich sofort etwas dagegen unternehmen kann. Als wollte sich mein Körper gegen eine zu erwartende Gewichtsreduktion zur Wehr setzen, reagiert er dann mit ein, zwei Kilo zügiger Gewichtszunahme. Seit einiger Zeit bekomme ich immer öfter Werbung für alle möglichen Wechselpräparate, Hormone und Vitamine – das hat man davon, wenn man anfängt danach zu googeln. Der Wechsel ist auch nur ein gigantisches Geschäft für die Konzerne, zuerst wollen sie einer jedes Jahr eine neue Diät aufschwatzen, nun eben vermeintliche Erleichterungen für die zweite Hälfte des Lebens. Ich bekomme Kleidungs- und Frisurentipps für die Frau über fünfzig. Offenbar soll ich nun meine gesamte Garderobe austauschen.

Dass ich mein halbes Leben lang mit eingezogenem Bauch durch die Welt gegangen bin und es in manchen Situationen immer noch tue, ist im Grunde unglaublich. Wie viel Energie da gebunden wurde und immer noch wird, die ich anders viel besser einsetzen hätte können. Aber ich habe ja noch die nächsten fünfzig Jahre, um es besser zu machen.

Unabhängig von meinen Körperproblemen, die mir meine rundum patriarchale Prägung in der tiefsten steirischen Provinz in den 1970er und 1980er Jahren eingebrockt hat, war mein (diffuser) Traum als Jugendliche und junge Erwachsene, mich von den kapitalistischen und frauenfeindlichen Mechanismen und Fesseln zu befreien. Ich stellte mir ein freies Leben vor, als Schriftstellerin unabhängig durch die Welt zu gondeln, niemandem Rechenschaft ablegen zu müssen, auf gesellschaftliche Normen zu pfeifen und irgendwann in einem alten, halbverfallenen Landhaus zu sitzen und zu schreiben, trotzdem ich ja unbedingt weg wollte vom

Land. Aber um dahin zu kommen, musste ich erst ordentlich Geld verdienen.

Auf der Uni lernte ich Studentinnen kennen, von denen viele Lehrerin werden wollten, aber nicht, um an einem neuen revolutionären Unterrichtssystem zu arbeiten – die, die das wollten, hab ich zumindest nicht kennengelernt –, sondern vielmehr, um alles so weiterzutragen, wie es schon unsere Lehrer in der Schule gemacht hatten. Dazu hatte ich keine Lust. Studentischen politischen Gruppierungen wollte ich mich nicht anschließen, dazu war ich zu schüchtern und eigenbrötlerisch, zwar war ich bei ein oder zwei Treffen, aber das war mir viel zu autoritär und hierarchisch aufgebaut, wieder wollten einige wenige den anderen ihre Meinung aufoktruieren, unter dem Deckmantel der Diskussionskultur, und manche Studenten wollten einfach nur junge Frauen „aufreißen". Dass man damit schon Netzwerke knüpfen konnte für später, das durchschaute ich natürlich nicht.

Ich wollte alles alleine schaffen und tauchte ein in ein Leben, das ich für sehr emanzipiert hielt. Endlich meiner Kindheit entkommen (so dachte ich), las ich mich durchs Studium und konnte damit Zeugnisse erwerben, die irgendwann zu einem Studienabschluss führten. Ich unternahm einige Interrail-Reisen mit meinem Freund

– der Inbegriff der Freiheit, mit den Zügen kreuz und quer durch Europa fahren und aussteigen, wo es mir gefiel. Aber irgendwann war das Studium beendet, ich musste jetzt anfangen, Geld zu verdienen. Nach vielen erfolglosen Bewerbungen – auf nicht mehr ganz so junge Germanistinnen (Ende zwanzig) hatte die Welt nicht unbedingt gewartet – glitt ich in eine prekäre Selbstständigkeit, ein Konglomerat aus Lektoratsarbeiten und ersten Honoraren von literarischen Veröffentlichungen ermöglichte mir ein Auskommen. Tatsächlich ist es mir später gelungen, ein paar Jahre lang ausschließlich von meiner schriftstellerischen Tätigkeit zu leben, das empfand ich als großes Privileg und Glück. Es ging sich dann, als ich ein Kind bekam, irgendwann nicht mehr aus, weder finanziell noch kreativ. Als mein Sohn ein Baby war, war es sogar noch einfacher, bei Lesungen von mir schlief er regelmäßig ein, und später konnte man ihn mit Bilderbüchern beschäftigen, oder er saß im Publikum und wunderte sich wahrscheinlich, jedenfalls hielt er die dreißig, vierzig Minuten durch, er hatte offenbar gemerkt, dass das irgendwie wichtig war für mich. Oder es war Zufall. Die ersten Jahre mit meinem Sohn waren so anarchistisch und lustig, die Luft schwirrte voller kreativer Energien und Gedanken, aber es war auch kräftezehrend. Im Verlag war eine junge

Mitarbeiterin der Ansicht, ich würde nun, mit einem kleinen Kind, keine Lesungen mehr halten wollen, und hatte dementsprechend kaum Angebote lukriert, es war mühsam, ihre Meinung zu revidieren. Der Vater des Kindes war in derselben Branche, und wir hatten ausgemacht, dass Lesungen, sowohl meine als auch seine, immer Priorität haben mussten und dann der andere für das Kind da sein müsse, auch wenn die geteilte Betreuungszeit ins Ungleichgewicht gerate. Später würden wir das wieder ausgleichen. Zu diesem Später kam es meistens nie, außerdem wollten wir nicht „Erbsen zählen". Wir (besser: ich) hätten natürlich diese Erbsen zählen sollen, und zwar jede einzelne, sprich immer wieder neu ausverhandeln, aber dazu war ich auf Dauer zu müde, ich gebe es ehrlich zu. Ich warf recht großzügig mit den Erbsen um mich. Bei ihm war natürlich niemand auf die Idee gekommen, er könnte eine Lesung oder Reise nicht wahrnehmen aufgrund seiner Vaterschaft.

Dann wurde ein Manuskript, mit dessen Veröffentlichung ich fest gerechnet hatte, abgelehnt, mein publizistischer Faden riss ab, und langsam geriet die geteilte Betreuungszeit ziemlich ins Ungleichgewicht. Ich machte wieder das, was die meisten Autorinnen und Autoren ohnehin ständig machen: mit artverwandten Tätigkeiten Geld verdienen. Daheim, im Homeoffice, neben oder auch im Kinderzimmer. Allen, die mir prophezeit hatten, es würde genauso kommen, hatte ich nicht geglaubt. Man ist ja in dem Wahn gefangen, alles anders und besser zu machen, die alten Hüte wolle man sich nicht aufsetzen, man brauche keine Ratschläge, und sowieso seien die Zeiten andere. Die Zeiten sind aber nicht andere, vor allem im warmen betäubenden Dunst der Kleinfamilie, wenn man sie nicht selbst dazu macht. Und auf einmal sitzt einer ein alter Hut auf dem Kopf. Die herrliche Anarchie, die Kinder verbreiten können, weicht leider allzu schnell den gesellschaftlichen Korsetts, die sich zuerst langsam um einen schmiegen und dann, wenn man nicht mehr raus kann, mit einem kräftigen Ruck angezogen werden, so dass einem kurz die Luft wegbleibt.

Dann bekam ich das Angebot einer festen Stelle, und ich nahm es an. Mit Mitte vierzig hatte ich nun das erste Mal in meinem Leben ein Angestelltenverhältnis, und es eröffnete mir eine neue Freiheit, ein regelmäßiges Einkommen nämlich, das zumindest nicht von heute auf morgen versiegen würde. Ich fühle mich nun nicht mehr so gehetzt, habe keine andauernden Existenzängste mehr, ich kann mir nun echte Gedanken darüber machen, wie es bei mir in den nächsten zwanzig Jahren weitergehen kann. Das Gehetze ist meinem Schreiben ziemlich abträglich, und jetzt, da ich aus dem Fokus der öffentlichen Wahrnehmung geraten bin, habe ich Narrenfreiheit.

Ich bin seit drei Jahren im Fünfzigerclub, ziemlich bald nach diesem magischen Geburtstag, den ich mit einer Party fast wie früher feierte, brach die Beziehung zu dem Vater meines Kindes auseinander. Und ehrlich gesagt, hatte ich bei der Party schon das unbestimmte Gefühl gehabt, das ich erst später als solches deuten konnte, dass er nicht mehr so richtig dabei war, dass es ihn nichts mehr anging, brutal gesagt. Und es hatte gestimmt. Er hatte schon gewechselt. Ich bekam ein massives gesundheitliches Problem – man könnte sagen: der Klassiker! Eine ordentliche Bruchlinie zum Fünfziger, damit man sich nicht allzu sicher fühlt oder gar glaubt, man hätte es geschafft. Dann tauchte Corona am Horizont auf, und es gibt wieder einen Krieg in Europa, dessen Auswirkungen uns noch jahrzehntelang beschäftigen werden. Ziemlich üble Zeiten, in denen ich meinen Wechsel über die Bühne bringen soll, oder besser, die Beendigung des Wechsels. Im Durchschnitt soll er sich über zehn Jahre erstrecken. Ich habe keine Ahnung, wann er tatsächlich begonnen hat und wie lange es noch dauert, bis ich ganz hinübergewechselt bin, und wohin diese Verwandlung mich führen wird. Vielleicht wieder ins Anarchistische. Oder ein rosa Pudel zieht bei mir ein.

Bettina Balàka, *1966

MATURATREFFEN

Manchmal fühlt man sich wie dreißig und dann geht man plötzlich an einem Spiegel vorbei und sieht jemanden, der um einiges älter ist. Es dauert einen Moment, bis man das innere Bild mit dem äußeren in Einklang bringt, bis man sich selbst erkennt. Man beglückwünscht sich für seine offenkundige Gesundheit und Vitalität, die dazu geführt hat, dass man sich wie dreißig fühlt, und ist doch erschrocken und versucht, den Schreck auf die schlechte Beleuchtung zurückzuführen. Dabei hat man ja auch gedacht, dass die Katze niemals sterben würde, zumindest nicht vor einem selbst, und dann lag sie eines Tages tot in ihrem Bettchen und sah auch tot aus und gar nicht mehr wie sie selbst. Die Katze hatte man fünfzehn Jahre zuvor angeschafft für die Kinder, dann waren die Kinder ausgezogen und man hatte natürlich die Katze an der Backe gehabt. Für alle Ewigkeit, hatte man geklagt, werde man jetzt für die Katze der Kinder sorgen müssen, und dann war die Ewigkeit auch schon vorbei und es tat einem leid, dass man nicht die Wahrheit gesagt hatte, dass man nämlich eigentlich ganz froh gewesen war, dass die Kinder die Katze nicht mitgenommen hatten. Die Natur kann man nicht betrügen und nicht die Biologie oder sonstige Wissenschaften, wahrscheinlich nicht einmal die Philosophie, nur die Religion kann man betrügen, denn die betrügt ja selbst, der Glaube kann Berge versetzen, Blinde sehend machen und Lahme gehend, er kann Materien verwandeln, Fische zu Wasser und Wein zu Brot, es werden Leiber vergeistigt und Geister einverleibt. Das ewige Leben gibt es im Glauben, im richtigen Leben gibt es weiße Haare und Katzen, die plötzlich steif wie Bretter sind.

Zwanzig Jahre lang steckt man in der Mutterhaut, manche kürzer, manche länger, je nachdem, ob es Nestflüchter oder Nachzügler gibt. Während man außen die Mutter erhält, die das Kind erhält, geschehen im Inneren Transformationen, für die man im Augenblick keine Zeit hat und um die man sich später kümmern wird. Im Inneren entwickelt sich etwas wie in einer Puppe, und eines Tages kommt es heraus und ist wunderbar oder sonderbar oder furchtbar. Verklebte Flügel und zusammengequetschte Beine und alles gefaltet wie ein altes Blatt, die Puppenhülle reißt und es konnte so viel schiefgehen in den Jahren, in denen man vollkommen umgebaut worden ist, oder sich selbst umgebaut hat in gewisser Weise, unwissentlich, halb bewusst, vielleicht ist man schon im Larvenstadium völlig verdorrt oder eine Chimäre, nicht Fisch und nicht Fleisch, nicht Mutter und nicht Großmutter, nicht weise und nicht naiv. Während man sein neues Gewand aus dem alten drängt, rennen überall kleine Kinder herum. Sie gehören gleichaltrigen Männern.

Die eigene Mutter war natürlich viel zu jung gewesen, als sie einen gekriegt und kurz darauf auch schon zurechtgewiesen hat, als sie vortäuschte zu wissen, wie die Welt funktioniert, was man zu tun habe und was zu unterlassen jeweils nach dem neuesten Trend, oder viel zu alt, hatte nicht mehr die Kraft gehabt, einem eine ordentliche Kindheit zu bieten mit Aufsicht, Auseinandersetzung und Ausflugsprogramm. Die eigene Mutter ist immer schon alt gewesen und völlig absurd in ihrer Mädchenhaftigkeit, aber sie war da, wenn man kotzen musste oder wenn ein Haustier im Garten zu bestatten war. Man ist natürlich nicht wie die eigene Mutter geworden oder manchmal doch, was besonders nervtötend ist, wenn die Kinder sagen: Du redest genau wie die Oma. Die eigene Mutter hätte natürlich in wesentlich größerer Würde altern sollen und ohne Gejammer und Lesebrillenbedarf und Gelenksarthrosen. Man selber würde nie etwas anderes als sex-positive und body-positive sein und mit sechsundneunzig noch über die Boulderwand flitzen, dass jeder den Atem anhält.

Natürlich hatte man selbst auch gedacht, niemals älter zu werden, und man war es ja auch nicht geworden. Natürlich hatte man es lächerlich gefunden, sein Geburtsdatum zu verheimlichen, bis der Tag kam, an dem man es blöd fand, es zu erwähnen.

Manchmal fühlt man sich wie achtzehn. Man kichert herum und spürt den Sommerwind an den nackten Beinen, der einen auf eine Südseeinsel transportiert oder zumindest in die Ägäis. Beim Maturatreffen sind auf einmal keine Lehrer mehr dabei, weil sie alle tot sind. Erneut hält man fest, wie förderlich es war, in eine reine Mädchenschule zu gehen, da Studien gezeigt haben, dass diese für Frauen zu besseren Karrieren führen als gemischte Schulen. Und in der Tat haben alle Karriere gemacht, außer die Himmlinger Ruth, die ist Verkäuferin in einem Möbelhaus, aber da war irgendeine tragische Krankheit mit schuld, Bipolarität oder Nierenversagen oder Alkoholismus. Die Petra Forschack, die immer so gut Klavier spielte, erzählt, dass sie die dritte Frau ihres vierten Mannes ist und jetzt Niss-Forschack heißt. Klavier spielt sie nicht mehr, seit einem Fahrradunfall ist ihr rechter Mittelfinger ganz steif. Die Verena Leitner hat schon sechs Enkelkinder, die ihre beiden Söhne auf fünf Frauen gerecht aufgeteilt haben. Die Tanja Mircolic ist zur obersten Oberrichterin aufgestiegen, und als jemand sagt: „Ui, da werden wir uns nichts zuschulden kommen lassen in deiner Gegenwart!", erwidert sie: „In meinen Fällen geht es um so viel Geld, da müsstest du erst mal herankommen können."

Man beurteilt das Äußere der Anwesenden automatisch, es ist ein Reflex. Man weiß, dass man selber beurteilt wird und fürchtet, dass es mit einer Mischung aus Mitleid und Genugtuung geschieht. Die hat arge Schlupflider gekriegt. Die ist aber in die Breite gegangen. Die ist richtig alt geworden, schlurft dahin und kann kaum ihr Handy bedienen. Wenn eine nicht weiß, was eine App ist, dann ist es vorbei, dann kann man sich gleich in den Sarg legen. Die Brille abnehmen, aufsetzen oder wechseln beim Lesen müssen fast alle.

Und dann gibt es die, die erstaunlich gut in Schuss sind. Die sich gut gehalten haben. Glück in der Liebe gehabt? Große Erbschaft gemacht? Botox, Halslifting,

Faltenunterspritzung? Die Sternthanner Ilse zum Beispiel schaut jetzt viel besser aus als damals mit achtzehn, die hat sich gemausert, ist aufgeblüht, vom Entlein zum Schwan metamorphisiert. Theaterintendantin geworden. Na kein Wunder: Die Meeresbiologinnenehefrau zu Hause (oder, wie jetzt gerade, auf einem Schiff), täglich junge Adorantinnen bei der Arbeit, Macht, Fitness, Friseur. Außerdem: Dadurch, dass sie lesbisch ist, wird sie ja auch nicht von Männern zerrüttet.

Man spricht darüber, wie die Leute, die man beruflich kennt, nach und nach verschwinden, entweder durch Pensionierung oder Tod. Auch einige ehemalige Mitschülerinnen fehlen. Darmkrebs, Gehirntumor, Multiple Sklerose. Die mitgebrachten Männer entgehen der Beurteilung keineswegs, üppiges Nasenhaar, fehlender Schneidezahn, Bierbauch. Natürlich gibt es auch Trophäenmänner, fesch und gescheit und Wir-gehen-im-Frühjahr-Trekking-auf-den-Kilimandscharo. Man weiß, dass solche Männer zwangsläufig fremdgehen. Man ist froh, dass man nicht auf diesen Regretting-Motherhood-Unfug hereingefallen ist, der ihrerzeit noch Ein-Kind-wird-deine-Karriere-zerstören oder Simone-de-Beauvoir-hat-sich-auch-gegen-Kinder-entschieden-um-sich-stattdessen-für-einen-Mann-aufzuopfern hieß, sonst würde man jetzt dasitzen wie die Scherkal Andrea, deren einzige engere Bezugsperson die Schwiegermutter ist, die ihr vom verstorbenen Gatten verblieb.

„Das Leben einer Frau zerfällt in zwei Phasen: sexuelles Belästigtwerden und sexuelles Ignoriertwerden. Erst wird man jahrzehntelang mit Blicken penetriert, dann ist man jahrzehntelang unsichtbar. Charmantes Umwerben ist etwas, das die Frau dem Mann gegenüber übernehmen muss", doziert die Kierlinger Angelika nach ein paar Aperol Spritz. Der neue Lebensgefährte der Scheck Anna baggert daraufhin die Kierlinger hingebungsvoll an, er hat das offensichtlich als Auftrag verstanden.

Kaum treiben einen die Eltern nicht mehr auf die Palme, treiben einen die Kinder auf die Palme. Ständig hockt man auf dieser Palme und versucht, die Kokosnüsse vor dem Herabprasseln zu bewahren, damit sie niemanden verletzen können. Aber die Kokosnüsse müssen herabprasseln, denn so funktioniert nun mal die Evolution.

Im REM-Schlaf ist man immer achtzehn, auf Strandpartys, Gebirgspartys, Gartenpartys, auf der Jagd nach dem besten Gefährten. „Auf Aufriss gehen", sagte man damals.

„Junge Frauen schreiben anders über Lust als alte Männer", steht in der Zeitung. Beide Auskunftsquellen sind für Frauen über vierzig ziemlich irrelevant.

Manchmal fühlt man sich wie achtundneunzig. Der Himmel ist himmelblau und alle Anrufe sind egal. Man will an den Strand gehen, sofort, im Duft von Geißblatt- und Tamarindenblüten. Man will aber auch durch den glitzernden Schnee marschieren, sofort, das Knirschen unter seinen Füßen hören, den Kristallstaub in der Sonne aufwehen sehen. Man liest noch einmal Robert Frost mit vollkommen neuen Augen. *But I have promises to keep/ And miles to go before I sleep.* Nichts da mit Versprechen halten und weitergehen, man will jetzt schlafen, sofort. Und dann wieder aufwachen, erfrischt.

Ruth Cerha, *1963

ENTPUPPUNG

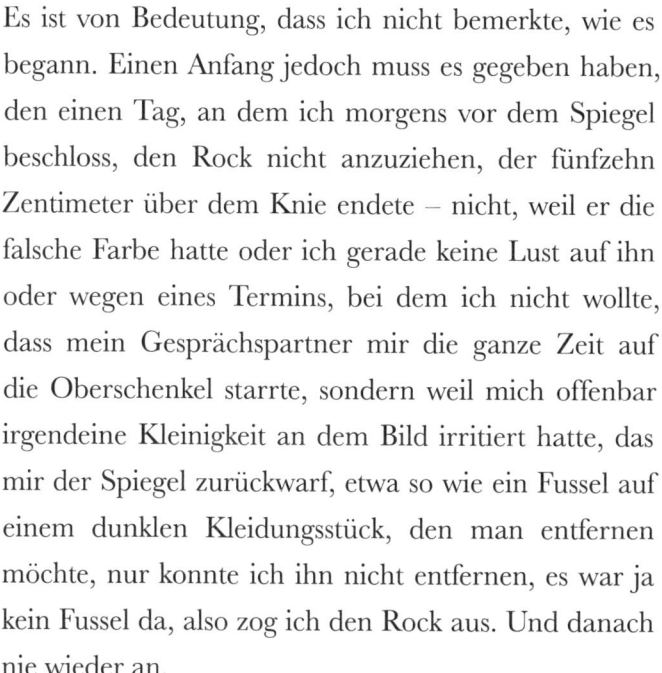

Es ist von Bedeutung, dass ich nicht bemerkte, wie es begann. Einen Anfang jedoch muss es gegeben haben, den einen Tag, an dem ich morgens vor dem Spiegel beschloss, den Rock nicht anzuziehen, der fünfzehn Zentimeter über dem Knie endete – nicht, weil er die falsche Farbe hatte oder ich gerade keine Lust auf ihn oder wegen eines Termins, bei dem ich nicht wollte, dass mein Gesprächspartner mir die ganze Zeit auf die Oberschenkel starrte, sondern weil mich offenbar irgendeine Kleinigkeit an dem Bild irritiert hatte, das mir der Spiegel zurückwarf, etwa so wie ein Fussel auf einem dunklen Kleidungsstück, den man entfernen möchte, nur konnte ich ihn nicht entfernen, es war ja kein Fussel da, also zog ich den Rock aus. Und danach nie wieder an.

Was ist mit dem sexy schwarz-weißen Minirock?, schlug H. vor, als wir zu einer Sixties-Party eingeladen waren und ich vor mich hin jammerte, dass ich nicht wüsste, was ich anziehen sollte. Ausgemistet, sagte ich schroff. Das war an sich nichts Ungewöhnliches, ich trennte mich regelmäßig von Kleidungsstücken, die ich länger als ein Jahr nicht getragen hatte. Normalerweise wusste ich allerdings, warum. Diesmal nicht.

Dasselbe Schicksal hatte in den vergangenen zwei Jahren mehrere transparente Blusen ereilt, das Kleid mit dem Rückenausschnitt, das man nur ohne BH tragen konnte, das Kleid mit dem tiefen Dekolleté, das man nur ohne BH tragen konnte, diverse knapp sitzende kurze Hosen, alle bauchfreien Tops, sämtliche String-Tangas, den einen oder anderen Bikini sowie ein eng anliegendes Schlauchkleid. Letzteres war möglicherweise daran beteiligt, dass mir irgendwann dämmerte, was für ein schleichender Prozess sich in meinem Kleiderschrank abspielte. Ich stand im Drogeriemarkt und hielt plötzlich eine von diesen figurformenden Strumpfhosen in der Hand, von denen ich mich bis dahin gefragt hatte, wer diese Teile eigentlich kaufte. Nun, an jenem Tag war ich es, zumindest fast: eine 55-jährige Frau, 168 cm groß, 58 kg schwer, halbwegs sportlich und bis auf schwankende Wechselbeschwerden gesund. Der Gedanke, der mich zu dieser Strumpfhose hatte greifen lassen, war der an das besagte Schlauchkleid. Hinter diesem Gedanken jedoch lugte mein Spiegelbild hervor, in diesem Kleid, und es zeigte die kleinen Hügel an den Hüften (von vorne) und am Bauch (von der Seite), und die beiden Birnen (von hinten), in die sich die Äpfel von einst verwandelt hatten. Diese ganze Voralpenlandschaft meines Körpers, die sich unter dem feingerippten Stoff abzeichnete, breitete sich vor meinem inneren Auge aus, bis mir schlagartig einfiel, dass ich das Kleid entsorgt hatte. Von jähem Ekel gepackt stopfte ich die Strumpfhose zurück ins Fach, warf einen Blick auf das Preisschild, sagte mir, dass € 14,99 ein unverschämter Preis für ein Kleidungsstück sei, das beim Aufstehen vom falschen Sessel kaputtgehen würde, und verließ das Geschäft.

Bald darauf machte ich eine textile Bestandsaufnahme. Das Ergebnis bescherte mir eine Art von Depression, die ich als körperlich empfand. Als hätte jemand meine Schädeldecke geöffnet und mir schwarze Tinte in den Kopf geträufelt, und nun breiteten sich Tintenwolken in mir aus, setzten sich erst in meinen Gedanken, dann in meinen Gelenken ab und trockneten dort zu einer unschönen, dunklen Verkrustung ein, die bei jeder Bewegung spürbar war, ein schmerzhaftes Knirschen, das sich nach einer Arthritis anfühlte, die ich nicht hatte. Oder war es Arthrose? Was war nochmal der Unterschied? Ich googelte. Arthritis wurde durch Viren oder Bakterien ausgelöst, Arthrose war eine Alterserscheinung. Beides schien mir möglich. Ich ging zum Arzt, machte alle nur denkbaren Untersuchungen. Ich war gesund, der Verschleiß meiner Gelenke unbedeutend. Dennoch ging ich plötzlich mit der Schwere und Behäbigkeit einer alten Frau, einer Witwe im schwarzen Gewand. Mein Körper war ein trauriges Behältnis für meine Organe, und auch meine Organe waren traurig, mein Darm und meine Nieren waren traurig, meine Lunge und meine Milz, mein Magen, auch meine Leber, denn ich trank ziemliche Mengen an Rotwein, was mich nur noch trauriger machte, aber am traurigsten machte mich der Inhalt meines Kleiderschranks. All diese weiten Kleider, langen Röcke, hochgeschlossenen Blusen, formlosen Hosen, farbarmen Slips und bis zur Trostlosigkeit schlichten BHs, die ich bisher für geschmackvoll gehalten hatte, die mir nun jedoch einzig und allein den einen Zweck zu erfüllen schienen: zu verhüllen, zu verbergen. Die Konturen meines Körpers, die Aufwerfungen und Täler und Kuppen, meine Haut, meine nackte Haut, deren Poren keine Luft mehr bekamen. Wenn ich mich vor dem Weggehen im Vorzimmerspiegel sah, musste ich an die orthodoxen jüdischen Ehefrauen und islamischen Mütter in meinem Viertel denken, mit denen ich manchmal plauderte, die keinen traurigen Darm zu haben schienen, vermutlich weil es für sie normal war und zu ihrer Kultur gehörte, weite Teile ihres Körpers zu verstecken. Aber warum tat ich es? Wenn ich in dem Tempo weitermachte, würde ich mit sechzig eine Burka tragen.

Hast du den Eindruck, mein Stil hat sich verändert?, fragte ich H. beim Abendessen.

Hm, machte er und pfefferte sorgfältig sein Steak. Du warst schon mal figurbetonter.

Stört dich das?, fragte ich weiter, fehlt dir was?

Eigentlich nicht, sagte er nach kurzem Überlegen. Es ist ja nicht hässlich, was du anhast, es ist ... apart.

Ich hatte nie apart sein wollen.

Und ich weiß ja, wie du darunter aussiehst, fügte er mit einem Grinsen hinzu, das auf jene Weise anzüglich war, über die man sich nach zwanzig Ehejahren freut.

Aber ist es nicht langweilig? Ich ließ nicht locker. Sehe ich nicht aus wie meine eigene Großmutter?

Deine Großmutter ist tot, bemerkte H. trocken. Beide Großmütter, um genau zu sein.

Komm schon, du weißt, was ich meine.

Schau, sagte er, legte Messer und Gabel ab und sah mich direkt an, ich hab es schon bemerkt. Aber ich dachte, es ist dein persönliches Statement gegen Sexismus, oder du hattest es einfach satt, auf eine gewisse Weise angeglotzt zu werden. Was ich beides verstehen könnte ...

Und jetzt werde ich nicht mehr angeglotzt?, unterbrach ich ihn.

Merkst du das nicht?, fragte er zurück, einen Hauch zu schnell.

Und du glaubst wirklich, das liegt an meinen Kleidern?, schnappte ich.

Woran sonst? Er schien ehrlich überrascht.

Abends nach dem Duschen betrachtete ich mich im Badezimmerspiegel. Das waren immer noch meine Brüste. Nie die kleinen Zuckerhüte, die ich mit sechzehn an manchen meiner Klassenkameradinnen so bewundert hatte. Eher die vanillepuddingartigen Ellipsoiden mit der ausladenden Vulkanlandschaft meiner Brustwarzen in der Farbe roter Erde. Der moderne Ausdruck „Nippel" mit all seinen kontroversen, lächerlichen Diskussionen rundherum passte da nicht. Ja, sie hingen tiefer als vor zehn Jahren, aber es waren immer noch meine Brüste. Ich mochte sie. Mein Dekolleté war dadurch flächiger geworden. Ich mochte mein Dekolleté. Warum versteckte ich es? Wegen der Adern, die seit einiger

Zeit unter der dünner werdenden Haut deutlicher hervortraten, dieses blau schimmernde Flussdelta? Ich inspizierte die Haut in der scharfen Spitzkurve zwischen Oberarm und Brustansatz. War da eine Kerbe mehr als früher? Und was war das für ein neuer Jahresring am Hals? Der comichafte Strahlenkranz um den Mund? Eine scharfe Welle von Zorn schoss durch meinen Körper, ausgehend von meinem Solarplexus. Ich öffnete den Spiegelschrank, fischte aus dem Glasbehälter mit den Lippenstiften einen lackroten heraus, den ich ewig nicht mehr benutzt hatte, warf die Schranktür wieder zu, dass es nur so schepperte, und malte mir einen Julia-Roberts-Mund, doppelt so groß wie meiner, er sah absurd aus unter meiner kleinen Nase. Dann strich ich mit zwei schwungvollen Bewegungen den Spiegel durch, bevor ich ihn in einem wilden Rausch zukritzelte, bis ich mich fast nicht mehr darin sehen konnte. In dem verbleibenden Loch streckte ich mir die Zunge raus.

Am nächsten Tag ging ich auf die Mariahilfer Straße und kaufte mir ein Schlauchkleid. Es hatte eine große, kreisförmige Aussparung auf dem Rücken. Erst als ich es abends daheim nochmals anprobierte, realisierte ich, dass ich unmöglich einen BH darunter tragen konnte.

Da ist ein Loch in deinem Kleid, bemerkte H. vom Bett aus, über seine Lesebrille und die aktuelle Ausgabe der ZEIT hinweg.

Das gehört so, sagte ich, ist Absicht.

Ich bin nicht davon ausgegangen, dass du es reingeschnitten hast, obwohl … Er ließ seinen Zweifel als Andeutung im Raum schweben.

Obwohl was?

Du bist in dieser Stimmung, in letzter Zeit.

Aggressiv?

Das trifft es nicht ganz … Er nahm seine Brille ab und sah erst an die Decke, dann wieder zu mir herüber … Aufmüpfig, würde ich sagen.

Ohje, das klingt nach Teenager, sagte ich und schälte mich aus dem Kleid.

H. setzte die Brille wieder auf und beugte sich über seine Zeitung.

Na und?, sagte er.

Es war großartig, bei 33 Grad Celsius keinen BH zu tragen. Ich ging im Rhythmus der ungehinderten Bewegungen meines Busens durch die Stadt. Mein Gang veränderte sich, synchronisierte sich mit diesen Bewegungen, ich fühlte, wie sich etwas in mir löste. Ich spürte Blicke in meinem Rücken. Wenn ich mich nach ihnen umdrehte, waren es oft Frauen, die nicht wegsahen, sondern mich angrinsten. Ich grinste zurück.

Nach einem Abend, den ich mit einer Freundin am Donaukanal verbracht hatte, schickte sie mir ein Selfie von uns mit der Frage: Darf ich das posten? Man sieht deine Nippel durchs Kleid. Soll ich sie wegmachen?

Untersteh dich, schrieb ich zurück. Was soll ich ohne meine Nippel anfangen?

Sie antwortete mit einem tränenlachenden Smiley und die Sache war zwischen uns erledigt. Ich aber dachte darüber noch tagelang nach. Was hatte die weibliche Brustwarze neuerdings zum Skandal gemacht, wie war sie zu einem Tabu in der Öffentlichkeit geworden, während im Netz jegliche Form von Nacktheit und Sex jederzeit verfügbar war? Und warum galt das Tabu nicht für männliche Nippel? Es regte mich auf. Die Entwicklung musste still und leise vor sich gegangen sein, während ich vermutlich auch deshalb nicht mehr ohne BH aus dem Haus gegangen war. Unbemerkt waren meine Brustwarzen zu Fusseln auf einem dunklen Kleidungsstück geworden. Und ich hatte sie weggemacht.

Ich verspürte den dringlichen Wunsch, mein Gehirn zu waschen. Nicht es gewaschen zu bekommen, sondern es selbst zu waschen. Ich stellte mir das richtig gut vor:

Die ganzen Windungen auseinanderfalten und schön im Waschbecken ausbreiten, die schwarze Tinte rauswaschen und dann nie wieder eine Fernsehwerbung anschauen, kein Werbeplakat, keine Frauenzeitschrift, all meine Social-Media-Accounts löschen, in den Busch auswandern, den Planeten verlassen. Mir irgendwo einen hübschen neuen suchen. Einen ohne Klimakrise, fundamentalistische Idioten, Frauenmörder und sexuelle Doppelmoral, dafür mit angenehmen Temperaturen, bei denen man das ganze Jahr nackt gehen konnte.

Stattdessen beschloss ich, das Schlauchkleid zu kürzen. Ich schnitt es 15 cm über dem Knie ab und nähte den Saum bei einer Freundin um, die eine Profi-Nähmaschine besaß.

Das ist aber ziemlich kurz, sagte sie.

Schlecht?, fragte ich.

Mutig, sagte sie. Ich würde mich das nicht mehr trauen.

Nicht *mehr*?

Ich weiß nicht … Sie wand sich ein wenig … Unsere Beine will doch niemand mehr sehen.

Woher weißt du das?

Sie schaute mich ratlos an.

Ich schnitt den Faden ab und reichte ihr das Kleid.

Los, zieh an.

Ich?

Wer sonst.

Sie zog ihre elegante Bluse und den langen Leinenrock aus, stand unschlüssig in Unterwäsche da und schaute mit einem Blick an ihrem Körper hinunter, als wäre er ein Gepäckstück, von dem sie nicht sicher war, dass sie es noch im Kofferraum unterbringen würde. Dann schlüpfte sie in den Schlauch wie ein Schmetterling, der in seinen Kokon zurückkriecht.

Ich nahm sie bei der Hand und zerrte sie vor den Spiegel.

Wer, fragte ich, sollte diese Beine nicht sehen wollen?

In der Woche darauf feierten wir den Geburtstag eben jener Freundin in kleiner Frauenrunde in einer Bar. Als Outfit entschied ich mich für einen schmalen Minirock (jüngst erstandener Ersatz für das zur Altkleidersammlung verurteilte Stück) und eine durchsichtige schwarze Bluse mit weinrotem Spitzen-BH darunter (Ergebnis einer weiteren Shopping-Tour). Die Freundinnen machten mir Komplimente, die Männer glotzten. Jetzt glotzten sie also wieder. Ich dachte an H.s Bemerkung. Störte es mich? Nicht notwendigerweise. Es kam auf die Art der Blicke an. Die des Mannes um die fünfzig, der neben mir an der Bar stand, als ich eine Flasche Prosecco für unseren Tisch orderte, waren durchtränkt von jener unerträglichen Mischung aus halb versteckter Lüsternheit, jovialer Herablassung und männlichem Machtgehabe. Während ich wartete, taxierte er mit vom Alkohol bereits leicht glasigen Augen meine spitzengeschmückten Brüste, dann beugte er sich vertraulich zu mir herüber und sagte, während er seinen sauren Atem in mein Dekolleté hauchte:

Fesch! Aus der Beate-Uhse-Seniorenkollektion?

Mein klarer, unmittelbarer Impuls war, ihm seinen Drink über den Kopf zu leeren. Aber ich machte nur den Mund auf und sagte: Ohje, ist deine Sexpuppe kaputt? Armer Bub.

Ich schenkte ihm ein mitleidig-mütterliches Lächeln, weidete mich einen Moment lang an seinem entgleisten Gesichtsausdruck, schulterte das Tablett und machte mich mit ausladendem Hüftschwung auf den Weg zurück zu unserem Tisch.

Auf dem Heimweg spürte ich, wie mein billiger Sieg von mir abbröckelte wie feucht gewordener Putz. So dumm und primitiv die Bemerkung dieses Idioten gewesen war – sie hatte ihr Ziel dennoch getroffen. Konnte es nur treffen. Ziemlich genau in meiner Körpermitte fühlte ich das Einschussloch, ich legte meine flache Hand darauf, um die Blutung zu stoppen. Doch gleichzeitig regte sich etwas anderes in mir. Etwas, das mehr war als heißer Zorn, anders als die Aufmüpfigkeit des Teenagers in mir. Was sich in mir ausbreitete, war die befreiende Energie echten Protests, eine über alles hinwegrollende Welle der Revolution.

Als ich nach Hause kam, nahm ich auf dem Weg ins Schlafzimmer einen großen, schwarzen Müllsack mit. Ich öffnete den Kleiderschrank und begann, meine gesamte Unterwäsche hineinzustopfen. Die traurigen Slips genauso wie die neu gekauften String-Tangas und Spitzen-BHs. Einfach alles.

Was … machst du da?, fragte H. vom Bett aus. Ich hatte ihn geweckt, weil ich das Licht angemacht hatte.

Ich werfe meine Unterwäsche weg.

Die alte?, fragte er und fischte seine Brille vom Nachtkästchen.

Die ganze, berichtigte ich.

H. kratzte sich am Kopf. Das ist aber nicht sehr nachhaltig, gab er zu bedenken.

Ich zog mich aus, stopfte den roten BH und das dazugehörige Höschen zu den anderen todgeweihten Dessous und verschloss den Müllsack.

Ich würde dir nicht raten, mit mir jetzt eine Klimadebatte zu führen, sagte ich.

Dann brachte ich den Müllsack runter. Nackt.

Das Leben ohne Unterwäsche war schön. Trug ich einen Rock oder ein Kleid, umspielte die warme Sommerluft meine Vulva. Trug ich eine Hose, bescherte mir die Mittelnaht eine leichte Stimulation, gerade so viel, um mir ein verschmitztes Lächeln ins Gesicht zu zaubern. Ich hatte weniger Wäsche zu waschen und ersparte mir das verhasste Aufhängen 57 winziger Stofffetzchen. Durchsichtige Kleidungsstücke trug ich wie Transparente auf einer Demonstration – mit der Befriedigung, sich mit dem eigenen Körper auf offener Straße für etwas einzusetzen und den empörten Reaktionen (die sich zu meiner Überraschung allerdings auf Kopfschütteln und Vor-sich-hin-Murmeln beschränkten) die Stirn zu bieten.

Sogar H., mein eher zurückhaltender, intellektueller Ehemann, fand plötzlich Gefallen daran, mir bei zufälligen Begegnungen auf den Wegen durch unsere Wohnung dann und wann unter den Rock zu fassen und nicht mehr die vertrackte Mechanik von BH-Verschlüssen meistern zu müssen, eine Technik, die er als junger Mann versäumt hatte zu erlernen, weil er damit beschäftigt war, mittelhochdeutsche Literatur zu studieren. Zudem wurde es immer heißer, und er selbst begann, kurze Hosen und luftige kurzärmelige Hemden zu tragen, etwas, das er in der Stadt normalerweise fast nie tat.

Eines besonders schwülen Morgens – wir standen an der Kücheninsel, schlürften unseren Kaffee und fächelten uns mit der Zeitung gegenseitig Luft zu – hielt er in der Bewegung inne, begutachtete mein kurzes Hängekleidchen aus hauchdünner Baumwolle und sagte schließlich im Ton einer völlig sachlichen, fast wissenschaftlichen Frage: Wozu ziehst du eigentlich überhaupt noch was an?

Ich schaute an mir hinunter. Er hatte vollkommen recht. Nüchtern betrachtet machte es keinen Unterschied, ob ich mir dieses Stück Stoff überstülpte – oder nicht. Es würde kaum mehr von mir zu sehen sein, vor allem nichts, dessen Anblick nicht jedem Menschen vertraut war. Brüste, Venushügel, Hintern: War es das, was im Jahr 2022 nach Christus öffentliches Ärgernis erregte? Im Ernst?

Ich erinnere mich, dass ich noch einen Moment lang diesen automatisierten Gedanken daran hatte, ob meine

Schamhaare wohl ordentlich rasiert waren, bevor ich mich des Kleides entledigte, meinen Mann an mich zog und küsste, dann ins Vorzimmer ging, in meine Sandalen schlüpfte, meine Handtasche nahm und aus dem Haus ging.

Barbara Hundegger, *1963

LAUTER FRAUEN

…

und rechts lauter frauen links lauter
frauen: eine ist feuerrot | eine als sei
sie frisch gefallener schnee | eine als
wären ihre beine so: langer smaragd |
andere gehen in purpur | und eine die
klügste hat zu beiden noch ein drittes
aug: mit dem sah sie alles zugleich |
auch was die displays nicht wussten:
die richtung aus der etwas kam | der
widerstand einer frau die verwandelt
wurde | nur die verhältnisse blieben
sich ewiggleich: in der art vornehmer
damen | bis auf die frau die dich gegen
arge strömung aus dem fluss barg: an
der kehle zog sie dich hinter sich her

…

…

und frauen frauen frauen gegen die
immer wer seine anklagerede führt:
herab von kanzeln thronen podien
wird ihnen verboten sich mit bloßer
brust zu wehren weil das schamlos
sei: man fotografiert sie dabei | und
nur nach krisen schwächen großer
ohnmacht lässt man das zu: frauen
oben über sich | und nur eine frau
wird dir raten: dich so auszuruhen

…

...

lückenlos im betrieb: die geschlechts-
bezirke der literatur zirkeln ab was du
sollst | als frau: auch körpersprachen
entrichten nicht nur auf dem papier |
haut-bilder augen-abschläge haltlosig-
keitsgesten mit gefälligst einem hauch
stoff für die förderlichsten herren | sie
nehmen sich ihre gelegenheiten daraus

...

…

stimmen gedämpft bei anblick
des künstlers: davon lebt
der | davon muss der leben

stimmen spitz beim blick auf
die künstlerin: wovon lebt
denn die | davon kann die leben

…

...

und eine frau inbild maßloser
neigung | eine frau die von gift
und venus kosten will | eine frau
heilig mit steinharter stimme |
und eine frau verstört wie maria
unterm kreuz | eine frau die sich
ins eigene kind schlug | und eine
frau im himmel wird sich schon
auskennen mit so zeug | und ihr
frauen die ihr das wahre wesen
der liebe angeblich kennt: starrt
ihr dabei nicht doch auf die frau
die um genommen zu werden
eine attrappe aus sich macht

...

...

endlich wieder: regenstiefel | scheiter schlichten |
tagelang nicht: brausen browsern putzen posten |
nur nebelfetzen kuhgeglocke vogelflüge schatten-
hang lose horoskope karten offen spiele stich: ein
zeitenprägen indem du sie vertust | das ofenfeuer
befüttert | die beträge fast beglichen | die kinder
schlafen ohne rotz | mit aussicht dein abgrund: an
solchen tagen | schirmeflirren hörersurren fristen-
fürchten: alles nur von weit | es donnert wunder-
sätze: sie gehen in dir um | ein auto muss da sein:
es ist da | dachrinnen | speckbrett | dämmerung

...

…

sie vor des lichtes untergang: stunde die aufwühlt
mit der sehnsucht sie zu sehen erweicht sie dich |
sich mit so viel gefühl umarmen dass man wirklich
bewegt ist davon | wem entgegengehen wenn wer
schleppend kommt | einladungen aussprechen an
deinen tisch: oft genügt es dass du bittest bei dem
was hier gewertet wird | aus 1000 alten gerüchen
ein neuer duft: in der zauberfarbe orientalischen
saphirs | das wirkt | die arme öffnen als ob flügel
ihnen folgten mit jener milde übergossen die für
nachsicht einsichtig macht: auch ohne dass du es
schwörst | daran begreifen wie lang bei einer frau
die glut währt wenn blick und berührung sie nur
immer neu entfachen: ein langsamster himmel in
dem nichts ernstes in eile passiert | erst nach zig
jahren trittst du ins eigentliche ein: an jemandes
seite auf der seite stehen wo der mensch das herz
hat | dieses schöne organ das die liebe begünstigt

…

...

unterlassung goldener augenblicke:
grundsätzlich abgewandt den seiten
auf welche das lieben sich nicht alle
tage schlägt | ungerührt rührungen
verweigern | aussprachen im stehn
durchstehn | kalte zusammenbrüche
schultern | sich den betörungszonen
entziehn | nur nicht die sein die sich
umdreht die nicht die dann umgeht |
und nicht die: die seitdem nur noch
rauchend nur mehr da herumsteht

...

…

auf ihren buckel der kam von den jahren
fällt ein fleck sonne: sie lehnt sich daran |
sie trinkt nur noch schluckweise aus einer
schnabel-tasse | ihre zigarette zündet sie
sich zitternd an | sie muss sich durch alle
enkel-namen zählen bis sie: den richtigen
hat | so sitzt sie in ihrer sanftheit da nach
allem: was war | durch zwei kriege ist sie
gelaufen mit fünf kindern und dem toten
unterm arm | eins hat sie auf einer rodel
geboren | eins aus dem inn geholt | zwei
hat ihr die fürsorge genommen | zwei der
alkohol | sie hat sie gerettet weil sie: sich
hat scheiden lassen | sie hat sie verloren:
weil sie geschieden war | ihre oma-hände
bis zu ihren armen hinauf rot: putzwasser-
höhe | dieses brand-zeichen nahm sie mit
ins grab | sie zu umarmen war eine wärme
aus: starkheit taumeln knochen und flaum

…

…

täglich mehrmals auf ihrer runde geht
sie hier vorbei: knallrot lippen nur um
zentimeter verschoben auf die wange
geschminkt | ex-stöckel-gang: der sie
nun schleifend in mokassins über den
asphalt zieht | sie treibt in: strähnen-
haaren | geladen mit zornen führt sie
unverblümt abgetakelt schnittmuster
vor am eigenen leib: d. h. mit flecken
befleckt von zigfacher herkunft | sie
brüllt durch | sie weicht keinem aus

…

...

die alternde konkubine: eine übermüdete
sirene | selbst am meisten verdattert von
der nur mehr bescheidenen wirkung ihres
nur mehr bescheidenen gesangs | lehnt sie
sich | eh nur für ein paar sekunden | an die
übermüdeten pfiffe gealterter seeleute an

...

...

sie hatte den
busen | wunder
blieben dennoch
aus | zog sie ihr
herrenlos: groß
war das nicht

...

Ulrike Draesner, *1962

EINE FRAU WIRD ÄLTER

Ein neuer Spiegel

50 wird man, wie man sagt, „ganz von selbst", und doch kam alles anders als gedacht.

Ich war 37 geworden, hatte geheiratet, ich war 40 geworden, wir hatten gefeiert, ich war 47, wir versorgten ein dreijähriges Kind, ich wurde 49 und machte kein Geheimnis daraus, ich arbeitete, es ging mir gut. Kaum sah ich mich um, wurde ich 50, ich feierte diesen Geburtstag, nicht wir, kaum hatte ich mich umgesehen, bestand meine Familie nur mehr aus mir und meinem Kind. Als alleinerziehende Mutter war ich nun exakt das, wovor ich ein Leben lang davongelaufen war.

Eine Bekannte, jünger als ich, fragte ein paar Wochen später unverblümt: „Hat er dich des Alters wegen verlassen?"

So deutlich hatte ich mir das selbst nie vorgesprochen. Die Frage erschreckte mich. War es so?

Nach 20 Jahren Gemeinsamkeit geht eine Beziehung aus einer Reihe von Gründen auseinander. Wie man sich entwickelt hat, welche Zukunftsvisionen Phantasie und Verstand beleben, welche Ängste einen umtreiben, wie lebendig man als Paar geblieben ist, spielen eine Rolle. Alter ist ein Teil jedes dieser Aspekte.

„Genau", sagte ich. „Er hat mich des Alters wegen verlassen. Seines Alters!"

Der Satz überraschte mich selbst. Ich hatte bislang nicht gewusst, dass ich ihn wusste.

Er traf zu. Für meinen Mann bedeutete der 50. Geburtstag gewiss etwas anderes als für mich, doch auch ihm stellten sich Fragen zur Bedeutung des Älterwerdens. Männliche Körper verändern sich ebenfalls. Unsere Aussichten unterschieden sich, zum Teil aus biologischen, vor allem aber aus gesellschaftlich-kulturellen Gründen. Jeder musste mit seinem Päckchen umgehen.

Er hatte sich eine jüngere Frau gesucht. Oder sie sich ihn. „Zurück auf Start" war die Option, für die er sich entschied. Die neue Frau war so alt wie ich, als wir uns kennengelernt hatten. 17 Monate später kam das erste Kind.

„Er brauchte einen anderen Spiegel", sagte meine Bekannte.[2]

Das stimmte. Aber ich brauchte diesen neuen Spiegel ebenfalls. Was war *wirklich* passiert? Wo befand ich mich – und wie wollte ich in Zukunft leben?

Die üblichen Zuschreibungen (Wechseljahre, ältere Frau, nicht mehr familiengründungsfähig, asexuell, und mehr) fand ich, gelinde ausgedrückt, nicht ideal. Da ich den Spiegel nirgends entdeckte, beschloss ich, mich auf die Suche nach ihm zu machen. Ich begann, über die Wechseljahre nachzudenken. Dass ich mit meiner Mutter nie anders als in Kurzfloskeln über diese Zeit gesprochen hatte, fiel mir erst jetzt auf. Unterhaltungen mit gleichaltrigen Freundinnen halfen, aber auch hier blieb oft ein Gefühl der Leere zurück. Sie verfügten nicht über mehr Sprache zum Thema als ich, und wenn wir auf „Hormonschübe und Folgen" kamen, schweiften wir bald und gern ab: Trennungsgeschichten und

---

[2] „Wäre es denkbar, dass manche Männer (...) die Lustigkeit, die Ironie und Selbstironie der Frauen als schockierende Zumutung erleben? Mögen sie sie lieber, wenn sie, unvermutet mit dem Seitensprung des Mannes konfrontiert, in guter alter Manier in Ohnmacht fallen? Sie tun es, übrigens, hin und wieder, stehen dann aber auf und machen sich klar: ‚Der Mann braucht einen neuen Spiegel.'" Christa Wolf in ihrem Vorwort zu Maxie Wander, *Guten Morgen, du Schöne*, Darmstadt 1979 S. 11.

Patchworkunfälle waren spannender. Das Wechseljahresthema versteckten sie in etwa so geschickt, wie wenn sich die hochattraktive Claire Underwood aus der Serie *House of Cards* in einem engen, ärmellosen Kleid beim Weinholen kurz mit dem gesamten Oberkörper in den Kühlschrank lehnt. Ihr Gast, eine Frau ihres Alters, macht eine andeutende Bemerkung dazu. Claire antwortet, das alles sei ihr neu. Für einen Augenblick scheint Unsicherheit, ja Schüchternheit auf. Dann ist das Thema weggedrückt.

„Alles neu." Dass meine erste eigene Ahnungslosigkeit über das Altern als Frau zwischen 40 und 60 damit zu tun hatte, dass der gesamte Bereich für viele der älteren (und nicht nur dieser) Generation mit Scham besetzt und von sprachlicher Hilflosigkeit und Einsamkeit geprägt ist, war mir inzwischen deutlich. Es fehlen gesellschaftlich etablierte Formen, über das Altern als Frau anders als im Modus des Defizits und seiner Behebung („so bleibst du attraktiv für deinen Mann") oder medizinischer Fürsorge zu sprechen. Dieses Fehlen ist schmerzlich: Es bedeutet, dass das, was erlebt wird, schon in diesem Erleben diffus bleibt. Es kann nur unzureichend ausgedrückt und daher auch nur unzureichend erinnert werden. Die Sprachlosigkeit wird an die nächste Generation weitergegeben.

Auch ich fühlte mich unsicher und schüchtern der neuen Lebensphase gegenüber. Weder mit bloßen Gedanken, bloß praktischen Tipps (Lagenlook, Coolpacks, Pflanzenmedizin) oder bloßen Gefühlen kam ich weiter. Der neue Spiegel würde sich nur aus Lebensgeschichten zusammensetzen lassen. Ich brauchte Mütter, Großmütter, Töchter – Frauen in allen Altersstufen.

Vor allem aber, und zuallererst, brauchte ich die richtigen Fragen. Was finden wir vor zu dem Thema Älterwerden – und was erleben wir? Was stellen wir an mit der Sphinx und dem Altersmodell, das Ödipus ihr anbietet? Ohne Nachdenken über unseren generellen Lebensgang durch die Zeit ist die Epoche der Wechseljahre nicht zu verstehen. Beides gehört zusammen: Die hormonelle Umstellung ist ein spezifischer Fall innerhalb des dauerhaften Prozesses, den man Altern nennt. Wie macht man dieses doppelte Erleben als Raum von Verwandlung für sich fruchtbar, neugierig darauf, was kommt angesichts des Weges, den man bereits gegangen ist. Und wie erzählen wir uns und anderen die Geschichte dieses Lebensabschnitts, der, schwer und leicht gleichermaßen, voller Veränderungen steckt.

Neutrum sein

Die Sonne scheint, es riecht nach Abgasen, Pommes, Ferien. Meine Tochter sitzt im Auto und weigert sich auszusteigen. Kopfhörer, Handy. Sie hört *Harry Potter*, auf Englisch. Unsere Welten überschneiden sich. Neben mir wird türkisch gesprochen. Ein Bus fährt auf den Parkplatz der Raststätte, etwa hundert über 80-Jährige steigen aus. Minuten später ein weiterer Bus, erneut voller Greise und Greisinnen. Alte Menschen haben Zeit. Alte Menschen und das Bruttosozialprodukt der Bundesrepublik stellen eine innige Verflechtung dar. Ich bin froh, dass ich die Toilette bereits besucht habe. Für die nächste halbe Stunde wird sie unbenutzbar sein. Ich schwöre mir, egal wie alt ich werde, niemals auf eine Altenbusreise zu gehen.

Jede Generation findet ihre eigenen Formen, mit den Lebensjahrzehnten umzugehen. Es gibt also Hoffnung, sage ich mir, auch wenn, wie wir alle wissen, die Zahl der über 60-, über 70-, über 80-Jährigen steigen wird. Und dann noch einmal steigen.

Die Sonne scheint, hat sich aber hinter Wolken versteckt. Mir ist angenehm warm. Genauer gesagt, ziemlich warm.

Nur mir?

Ich sehe mich um. Niemand beachtet mich. Jede Menge Männer unterwegs auf so einem Parkplatz. Was ist los mit den Männern, denke ich, was hat sich verändert, sie sind so unauffällig. Nach einer Weile ist klar: Nichts hat sich verändert. Es wird geschaut. Hinterhergeschaut. Jetzt fällt es mir wieder ein: Ach so, es liegt an mir. Ich bin es, ich stehe hier offensichtlich in dieser neuen Verborgenheit herum. Im Harry-Potter-Universum ist das praktisch. Harry wirft sich den Umhang über, der unsichtbar macht. Wenn er will. Hat er genug, zieht er ihn ab.

Als ältere Frau wirft man sich nichts um, sondern bekommt etwas übergestülpt. Schon ist man verschwunden, allemal neben einer jüngeren Frau. Höflichkeit oder Zuvorkommen verabschieden sich gleich mit.

Grotesk wurde es neulich in der Postfiliale. Ich war die letzte in der Schlange. Ein Mann meines Alters, einen Kopf kleiner, dicker Bauch, stellte sich vor mich. Als ich mich beschwerte, sagte er: „Du hast doch eh nichts mehr zu tun."

Auch das freundlichere Umfeld, in dem ich mich im Alltag bewege, spiegelt mir überwiegend und mit einer Leichtigkeit, die verrät, wie tief die Klischees sitzen, dass ich nützliches Neutrum sein darf. Ich begegne Männern mit 45 Jahren, mit 60 Jahren, und bemerke an jeder ihrer Gesten, dass sie mich nicht als Frau wahrnehmen. Ich bin Hindernis, grau wie der Einkaufskorb, ein Zwischending. Dieses „Ding" darf auftreten als Vermittlerin, Helferin, Erzählerin, Essenslieferantin, Patientin, Konsumentin, ehrenamtliche Hummel, Bezahlerin und praktisch-fleißiges, mit Armen und Beinen ausgestattetes Menschmodul, das den Zwischenjob übernimmt. Auf einer Party fungiere ich als eine Art sprechfähiges Möbelstück: „Weißt du, wo der Flaschenöffner ist?" Fünf Minuten später erkennt mich der Frager nicht mehr. Er hat mich gar nicht gesehen. Zunehmend fühle ich mich umgeben von einer Watteschicht, durch die hindurch man mich für eine Art Wand hält.

Dieses mir angetragene, auf mir durchgeführte Frauenwesen, das so herrlich neutralisiert aussieht, so schweigsam und nützlich, ist eine Chimäre. Ganz wie die schöne Zweiteilung der Frau in hinten und vorn. Mit einem Lächeln, das ihren Schmerz nicht vollständig verbarg, erzählte mir eine Bekannte, Mitte 50, lange, blond(gefärbt)e Haare, ihr Mann habe jüngst ihr Äußeres kommentiert: „Hinten Lyzeum, vorne Museum."

Munter nach der Devise: Das hast du nun davon. Dich gepflegt, Sport getrieben, Diät gehalten. Und ich sage dir *das* ins Gesicht.

Man sieht einen knackigen Po. Seine Besitzerin dreht sich um. Die Prägung durch Kultur, Bild und Werbung ist so stark, dass immer, automatisch, ein junges Gesicht erwartet wird. Doch da steht meine Bekannte, in ihrem Alter. *Eine* Person, weder in vorn noch hinten geteilt.

Eben dies soll offensichtlich nicht sein; hier muss man sich lustig machen. Eine Frau darf nicht alt sein, aber, ist sie älter, darf sie erst recht nicht jung wirken. Sie soll nicht anders aussehen, als das Altersklischee „Neutrum" es vorsieht, und eines soll sie allemal nicht: auf „wirkliche", heterogene, individuelle Weise in ihrem Alter sein.

Anders gesagt: Wo, wie und als wer kommt die Frau in den Wechseljahren in unserer Gesellschaft vor?

Manchmal ist mir nun doch, als wären die Männer ausgetauscht worden. Betroffen sind vor allem, aber nicht nur, die unter 60 Jahren. Also auch jene, die sich im gleichen Alter befinden wie ich. In der Regel unterhält man sich mit mir (nur), wenn ich Teil einer größeren Gruppe bin. Manchmal hat man auch Zeit für eine Begegnung mit mir zu zweit. Gesucht werden Rat, Coaching, Halbmütterlichkeit. Ebenso deutlich ist, was nicht interessiert.

Wie soll ich damit umgehen, nein: gut zurechtkommen? *Ich* fühle mich dabei lächerlich. Mich bedrückt, was mir widerfährt. Zugleich will ich mir diesen Schuh (Pause, Jenseits, auf dem Omaweg) nicht anziehen. Da ich keinen Verhaltenscode entdecken kann, der mir passt, muss ich ihn erfinden. Das ist sehr viel leichter gedacht als getan. Wie sagt man auf Englisch: *I am at a loss.* Ich weiß nicht weiter. Aber auch: Ich gehe verloren; etwas in mir geht verloren. Ich brauche nicht danach zu suchen, denn nicht, was war, muss wiederhergestellt werden. Ich brauche etwas anderes: mich selbst in meiner neuen Form. Als Frau, die weiß, wer sie in diesem Alter ist, welche Bedürfnisse sie hat, und die sich trotz Einschüchterungen nicht davon abhalten lässt, diese Bedürfnisse auszudrücken.

Der wunscherfahrene Körper

Unsicherheit scheint eines der wesentlichen Merkmale der Wechseljahre zu sein. Keine war bereits dort, wohin sie führen, keine weiß, wie lange ihre Reise dauern wird, wie „der neue Körper", das neue Ichsein sich anfühlen werden. Abhängig von anderen ist man ein Leben lang. Man vergisst es gern; in den Wechseljahren vielleicht etwas seltener als zuvor. Auf neue Weise ist man verletzlich geworden; mitunter kommt es mir so vor, dass meine Haut nicht nur im konkreten Sinn dünner wird. Eine Zeit der Öffnung: des Aufhorchens, nicht des Aufhörens.

Mitunter erinnert mich, was geschieht, an die Pubertät, auch körperlich. Man sucht nach Modellen, um sich zu verdeutlichen, durch was man geht, und es liegt nahe, bei den Wechseljahren an ein Zurückspulen zu denken. Zweite Pubertät – was aufgebaut wurde, wird abgebaut, was kam, wandert aus und produziert dabei noch einmal Symptomatiken von einst. Auch das Rotwerden des Gesichtes mag an die Pubertät erinnern, wenngleich es anders begründet ist. Beide Phasen ähneln sich zudem in ihrer Dauer, die Verwandlung währt Jahre.

Hier setzt eine weitere Umwertung der Wechselzeit an: Pubertät wie Wechseljahre sind komplexe Prozesse körperlicher Veränderungen. Man verwandelt sich in ein geschlechtliches Wesen. Dieses Wesen verschwindet nicht, es entwickelt sich weiter. Dreißig Jahre und mehr: reproduktionsfähig. Dreißig weitere Jahre und mehr: nicht mehr reproduktionsfähig. Stattdessen ein wunscherfahrener Körper. Ein in seinen weiblichen Funktionen in unterschiedlichsten Weisen und Maßen „benutzter" Körper. Ein gelebter, sich weiterhin auslebender Körper.

Um Selbstkenntnis macht die Philosophie von jeher Aufhebens. Leicht wird ihr körperlicher Anteil übersehen. Er wächst mit zunehmendem Alter auf natürliche Weise. Wenn ich berührt werde oder mich selbst berühre – und sei es bei etwas so Profanem wie dem Abrubbeln nach dem Duschen, dem Sturz in einen Schneehaufen, dem Tauchen im Schwimmbad –, nimmt der Sinneseindruck mehr Raum in mir ein beziehungsweise entwickelt mehr Resonanz. Er ist in sich geschichtet, vergleichbar der Wahrnehmung des komplexen Geschmackes von Wein, Tee oder Schokolade. Und ich meine besser zu erkennen als früher, was mir wann guttut. Wie es das tut. Und was ich probieren will.

Auch wenn ich mitunter darauf stoße, dass sich das eine oder andere nicht umsetzen lässt. Doch war das, als ich jünger war, nicht ebenso?

Astrid Lindgren klettert auf einen Baum

1974 amüsierte sich die schwedische Fernsehnation über Astrid Lindgren, 67 Jahre alt, die zum 80. Geburtstag ihrer Freundin Elsa Olenius mit dieser zusammen um die Wette auf einen Baum kletterte. Schließlich gebe es „kein Verbot für alte Weiber, auf Bäume zu klettern".

Selbstermächtigung heißt das Schlüsselwort. Prominente und Künstler*innen, mag sein, hatten es damit von jeher leichter. Bestimmt nicht leicht war Alessandra Ferris Weg. Sie tanzt mit 55 Jahren Ballett. Klassisch und modern. Da das jenseits der Grenze von spätestens 40 angeblich nicht möglich ist, jedenfalls weder vorgesehen noch erlaubt, beendete Ferri, geboren 1963, ihre Karriere im Jahr 2007. Doch die Ballerina hielt das Nichttanzen nicht aus. 2013 kehrte sie auf die Bühnen zurück, zwei Preise wurden ihr seither verliehen. Ferri bringt etwas in den Tanz, was Jüngere nicht haben. In einem Onlinevideo kann man sie als Penelope erleben. Danach fragt man sich, wie man Rollen dieser Art, die von Erfahrung und Altern handeln, mit 25-Jährigen besetzen wollen kann.

Jüngst besuchte ich eine Veranstaltung mit Margaret Atwood. Die Kanadierin war hellwach, witzig und wortgewandt, mehrfach überraschte sie die gut vorbereitete Moderatorin. Welche Freude, die beiden Frauen interagieren zu sehen. Das Ereignis fand im ehrwürdigen Sheldonian Theatre der Universität von Oxford statt, erbaut als Stätte akademischer Zeremonien, für Jahrhunderte Männern vorbehalten. Darin Atwood, springlebendig mit ihren 76 Jahren, aus denen sie so wenig ein Geheimnis macht wie aus dem Grau ihrer

Haare. Da hätte Gertrude Stein, Königspudel auf dem Schoß (auch Hunde dürfen das Sheldonian gemeinhin nicht betreten), neben Alice Toklas, beide matronenhaft (wie das täuschen kann), sich ebenso amüsiert wie Marie Curie, eine der vielen Forscherinnen, die, Alter hin, Alter her, ihre innovative, absolut originelle und geniale (ja, das Wort lässt sich auch auf Frauen anwenden) Arbeit weiterführten.

In zeitgenössischen Romanen erscheinen sie inzwischen ebenfalls häufiger als zentrale Figuren: sich ermächtigende Frauen in höherem Alter. Sowohl in Atwoods *Der blinde Mörder* als auch in dem Roman *Abbitte* von Ian McEwan treten sie darüber hinaus als die Autorinnen des Werkes auf, das man liest. Doppelte Handlungsmacht: agierende Personen in der Zeit, von der erzählt wird, und in der erzählten Gegenwart, Eigentümerin und letzte Interpretationsinstanz einer Geschichte. Intelligent und vital erzählen sie, was war, hätte sein sollen oder sein können, und verändern durch dieses Erzählen nachträglich die Wirklichkeit.

Dies ist umso schöner, wenn man es mit der Rolle der mittelalten Frau im Roman des 19. Jahrhunderts vergleicht. Die Frau um die 50 ist ein lächerliches, im besseren Fall tragisch-lächerliches Wesen: Mutter, Ehefrau, Verkörperung von Geldsucht, Bösartigkeit und/

oder Naivität. Hart ist die Konkurrenz um die reichsten unverheirateten Männer, groß der Klatsch, übertroffen allein von Dummheit, Erfahrungsmangel, Aufstiegswut. Zerrbilder der Machtlosigkeit bevölkern den sozialen Raum. Sind die Töchter endlich unter der Haube, bleiben die Mütter zurück. Oh ja, sie sind in den Wechseljahren: liegen im Bett, erleiden Nervenzusammenbrüche, brauchen Tee. Beim Tanz sitzen sie als Wächterinnen und Neiderinnen am Rand, zuständig für Benehmen und Moral. Ihre unselige Rolle spukt bis heute durch unsere Köpfe: Matrone, Schreckschraube, Gouvernante, schwiegermütterliche Terroreinheit, verbiesterte Vergangenheit.

Mia, die Protagonistin von Siri Hustvedts Roman *The Summer Without Men* fragt sich: Wo beginnt das Ich, endet das Du? Wie viel Selbst ist tatsächlich „selbst" – oder durch Normen, äußere Einflüsse und andere Menschen gemacht? Kurzum: Wer kann ich sein als mittelalte Frau, die mit einem Mal wieder allein im Leben steht?

Mia, Journalistin von Beruf, befindet sich mitten in den Wechseljahren, als sich Ehemann Boris, Neurowissenschaftler im siebten Lebensjahrzehnt, eine Beziehungspause nimmt. Die Pause spricht französisch, hat einen bedeutenden Busen und ist zwanzig Jahre jünger als Mia. Drei Jahrzehnte Ehe – dahin. Ungern auf Pause gestellt, produziert Mia einen Energieausbruch, der sie für eineinhalb Wochen als „quite mad" in eine psychiatrische Klinik katapultiert. Von dort zieht sie weiter in die Kleinstadt in Minnesota, in der sie aufwuchs, um sich zu erholen. Sie beginnt ihren Sommer ohne Männer.

Siri Hustvedt ist Jahrgang 1955. Verweise auf Jane Austen fehlen ebenso wenig wie spitze Bemerkungen zur Gegenwart. Der Roman ist intelligent, unterhaltend, „quite true". Es gelingt ihm, diffuse Gemütszustände in Worte zu fassen: zum Beispiel, was einen anwegt, wenn man kein Baby mehr bekommen kann, aber eines durch die Tür schreien hört. „Change" – mit großem C geschrieben das Euphemismuswort für die Wechseljahre in der amerikanischen Welt –, betrifft als „change" mit kleinem c jedes Frauenalter. Alle lernen etwas, alle wechseln die Identität.

Die schönste Antwort auf Mias Fragen geben die fünf Schwäne, so Mias Name für ihre Mutter und deren Freundinnen. Ihnen steht der letzte Wechsel bevor, vielleicht sind sie deswegen so erfrischend subversiv. Allen voran Abigail, Königin des Stickens und der Applikation. Brav kommen ihre Werke daher. Ein Tischläufer mit Weihnachtsbäumen. Zieht man den Reißverschluss auf der Rückseite auf, darf man auf eine Reihe bunter Frauen schauen, die sich selbst befriedigen. Auch der Teekannenwärmer hat es in sich: Dreht man ihn um, präsentieren Monster ihre Fratzen.

Mias Ärztin sagt: „Tolerating cracks is part of being alive" – Risse auszuhalten ist Teil unserer Lebendigkeit.

Ich nenne es: Altersfreiheit. Altersgewinn.

Sabine Scholl, *1959

NACKT SEIN

Der Hund ist fix und alle! Aufgeregt, in frischer Brise japsend und kläffend, kommt die Nase des Tiers den vielfältigen Gerüchen auf der Fähre nicht nach. Leichte Wolken ziehen über das Schiff. Das Licht zögerlicher Sonnenstrahlen glänzt auf der Wasseroberfläche. Allmählich kommt das Ufer der schmalen Insel näher. Einwohner wie Besucher laufen hier im Sommer am Strand nur nackt. Vor heftigem Wind verstecken sie sich in Dünen. Kauern zwischen Gräsern in den Kuhlen. Springen auf von Zeit zu Zeit, laufen zum Wasser, verbinden sich den Wellen. Oder verschanzen sich in Burgen, gebaut aus Stoffbahnen, aufgehäuftem Sand und Treibholz. Mit Möwenfedern, Kieseln und Muscheln verziert. Kitsch, der sie Sonne spüren lässt, wo der Wind Kälte meint.

Angekommen in der Pension, legt P. ihre Tasche ab und muss sofort ans Wasser. Schenkt dem Meer am ersten Tag ihre nackten Füße bis zu den Knöcheln. Läuft so lange über feuchte Sandflächen, bis ihr das kalt leckende Wasser wärmer vorkommt. Eine Schwalbe folgt ihrem Spaziergang, nützt den Windschatten, lässt nicht ab im Gleiten und Begleiten. Die Wellen werden durch Reihen von Holzpflöcken gebrochen. Salz und die ständige Arbeit des Wassers schleifen das Weiche aus den Stämmen, meißeln Holzringe heraus, legen Astlöcher frei. Machen jahrzehntelanges Wachstum sichtbar, indem sie die Pflöcke nach und nach zersetzen. Einzelne rund gespülte Steine stecken zwischen ausgewaschenen Hölzern. Schicht für Schicht an Kleidung abzustreifen wird die nächsten Tage P.s Arbeit sein, bis sie bereit ist, ihre nackte Haut dem Wasser und seiner eisigen Strömung anzuvertrauen.

In jedem Quadratzentimeter deines Körpers sind Erfahrungen der letzten Jahre enthalten. T. dozierte oft, während sie P. behandelte. *Sie lagern sich im Bindegewebe ab, reichen bis tief in die Muskeln. Sind die verkrampft, verschieben sich deine Knochen. Du hast nicht plötzlich Schmerzen, sondern das Sitzen und Auftreten der letzten Monate und Jahre hat dich verbogen, bis du eines Tages schreist.* Das Ziehen und Pochen, die hellheißen elektrischen Schläge durch Rücken und Unterleib bis hinunter ins rechte Bein tobten sogar nachts. Auf dem Massagetisch kamen P. Kinderknie in weißen Strumpfhosen in den Sinn, während T. an ihr herumdrückte. Knie, die sich auf leicht unscharfen Farbfotos berühren. Kies im Vorgarten. Weil ihre Beine ein X bilden, sind die weißen Sonntagsschuhe an den Innenseiten abgetreten. Ihr Kleid aus grünglänzendem Stoff ist mit weißer Spitze und einer großen Schleife verziert. Verheißungsvolle Schönheit von Materialien, die sich an ihren Körper legen, eine Besonderheit bilden an diesem besonderen Tag. Fronleichnam wahrscheinlich. So wird sogar Alltägliches in Außerordentliches verwandelt. Das Gras leuchtet stärker als an Wochentagen. P. hält einen Strauß selbst gepflückter Blumen in Händen. Margeriten, hatte sie damals beschlossen, sind meine Lieblingsblüten. *Mein rechter Fuß. Der war schief. Die Woche über musste ich orthopädische Schuhe tragen. Aus braunem Leder. Hab mich geschämt. Die waren hässlich braun, hochgeschnürt bis über die Knöchel. Im Kindergarten waren die anderen längst angezogen, um nach draußen in den Garten zu laufen.* Erzählte sie T. *Ich kam mit den Senkeln nicht zurecht, musste warten, bis ein Erwachsener Zeit hatte, mir die Schuhbänder zu schnüren.* T. wusste Bescheid. *Dieses X, zwei einander widersprechende Bewegungen. Mädchen bringt man früh bei, ihre Schenkel geschlossen zu halten. Die Folgen davon zeigen sich dann nach Jahrzehnten.*

Am zweiten Tag auf der Insel wählt P. eine Kuhle, in der sie sich einrichtet und wartet, dass sich genug

Sonne an ihren Kleidern sammelt, um sich stückweise auszuziehen. Wenn sie ihre Freundin T. nach längerer Zeit trifft, bemerkt sie nur in den ersten Momenten ihre tiefer werdenden Lachfalten um Mund und Augen. Die längs gezogenen Stirnfurchen kommen ihr anfangs bedrohlich vor. Doch sobald sie miteinander reden, verfliegt der Kontrast zu der Frau, die sie in Erinnerung hatte, während sie sich nicht sahen. Die Stimme der Freundin enthält Vertrautheit. Dieser Tonfall überlagert die Gegenwart, überwindet die Vergangenheit und P. befindet sich in dem Augenblick, der – wie ihr scheint – ungebrochen anhält, seit sie sich kennen, und der erneut aufgerufen wird mit jedem Begegnen. Vieles ist bekannt. Nur manches durch die Zeit getrennt. Solange Nähe möglich ist, wird nicht gefragt, nicht geurteilt. Besonders seit T. sich um ihr Befinden kümmert, seit nicht nur Diskussionen sie aneinander halten, sondern eine Sorge, die T. auch körperlich auf P. überträgt. Ihre Finger tasten in den gequälten Rücken der Freundin. Flinke, lebendige Wesen, mit denen sie bei heftigem Reden ihren Ausdruck unterstreicht, mit denen sie Stoffe berührt, Materialien prüft, ihr Sensorium, die feinen Linien ihrer Handflächen mit Indigo unterfärbt. Ihren Körper hat T. immer trainiert, während P. mit schwangerem Bauch in der Sonne lag. Träge und auf die Stöße des Babys konzentriert, dessen Beinchen Beulen in ihre Bauchdecke stemmten, hatte P. sich nicht vorstellen wollen, warum ein muskulöses Hinterteil so wichtig war für die Freundin. Stets hatte T. ein strenges Programm gegen Krankheit und Alter: Mondmilch fürs Gesicht gegen Falten, Fenchel für die Verdauung, Selen fürs Immunsystem, Vitamin-B-Spritzen in die Arschbacken für bessere Nerven, chinesische Kräuter gegen unreine Haut, morgens zum Frühstück warmen Brei aus seltenen Getreiden, mit Wasser angerührt, keine Milchprodukte, die Karotten längs geschnitten, keine Scheibchen. Kein Kaffee, kein Schwarztee.

Am dritten Tag tritt P. nackt ans Ufer, lässt erst die Brise an ihre Poren, marschiert dann bis zu den Unterschenkeln ins Wasser, lässt sich von heranschwappenden Strömungen benetzen, taucht die Arme ein und spreizt sie in die Luft. *Gesundheit ist Arbeit, feste Muskeln sind Arbeit.* Mahnte T. Und bei ihr wirkte das. In der Umkleidekabine des Sportstudios, das sie gemeinsam besuchen, zerren die Frauen an Kleidungsstücken, hängen sie an Haken, zeigen sich in Unterhosen, Strümpfen, Socken. P. schielt auf fleckige Haut, unrasierte Zwischenräume, prüft Bauchumfänge. Zumindest ist das Licht hier nicht so erniedrigend grell wie in den Kabinen der Kleiderläden. Deren weiße Beleuchtung, dazu da, die Beschaffenheit des Stoffes, der Nähte, des Faltenwurfs besser zu begutachten, verändert auch den Blick, den P. während des Probierens auf ihre Silhouette wirft. Und mit Schreck bemerkt, dass die Spannung fehlt, der Umriss ihrer Oberarme verschwommen, die Muskeln halten ihre Gestalt nicht zusammen, ausgeleiert, verbraucht wovon? Vom Kindertragen? Vom Mit-Einkäufen-gefüllte-Taschen-sechs-Stockwerke-Hochtragen? Vom Kinderwagen-plus-Kinder-plus-Kindertaschen-Tragen? Im eigenen Badezimmer mit Sparlampen scheint ihre Nacktheit weicher und meist helfen die fehlende Brille und ihre Kurzsichtigkeit, um schonungsvoll Einbuchtungen glattzurichten. Dieses Bild ist P. vertrauter als das in der gnadenlosen Helligkeit einer Anprobe, welche Flecken auf die Haut wirft und Falten verstärkt. Unter den Ärmelausschnitten drückt sich Fleisch zusammen, durch das dünne Gewebe des eng geschnittenen Rockes zeichnet sich ein Bauch ab, samt Nabel. Sie sollte aufhören, ärmellos zu tragen. Will ihren frischen Körper zurück, der alles erlaubte.

Am vierten Tag kann P. es kaum erwarten, ihre Kleidung Stück für Stück loszuwerden, aus der schützenden Kuhle in Richtung Wasser zu stürmen und das Nass zu begrüßen. Sie watet, die Oberschenkel sind rasch von den Fluten bedeckt. Die große Überwindung liegt noch vor ihr. Sie quietscht und lacht zugleich, als Kälte an ihre empfindlichen Teile dringt. Danach fällt es leichter. Wasser schließt sich fest um Bauch und Taille. Reicht bald bis zur Brust. Sie breitet ihre Arme. Dreht sich. Taucht die Hände ein. Lässt die Arme auf der Oberfläche schweben, lauert auf den Moment, in dem sie sich vergisst. Dann das Eintauchen der Schultern, des Halses, Gekreische, bruchsekundenkurzes Wegtreten, schwarze Kälte, ein Schreck. Das Meer umarmt sie wie Eisen. Drückt ihr fast den Atem ab. Als einzig mögliche Reaktion bleibt schwimmen und den Körper die Eiseskälte vergessen machen. Langsam ergibt sie sich den Bewegungen ihrer Muskeln, lässt sich tragen, spürt Temperaturunterschiede in den Strömungen. Versucht knapp an der Wasseroberfläche zu treiben, um die von der Sonne gewärmte Schicht an den Armen zu genießen, im Gegensatz zum kälteumfluteten Rumpf. Die Atmung wird leichter. Dann schlägt ihre Hand gegen eine fremde Gestalt. Das Ding fühlt sich rund an, sie zuckt zurück. P. blickt um sich. Sie ist nicht allein, sondern umgeben von Wasserwesen, durchsichtigen Quallen, die zu festen Körpern werden, sobald sie sie berührt. Ein kurzer schriller Ton entkommt ihr. Aber nichts geschieht, kein Brennen auf der Haut. Die Quallen sind harmlos. Geschöpfe, die die Fluten bewohnen. Sie muss sich arrangieren. Im Weiterschwimmen verhärtet die Eisigkeit ihr Bindegewebe und die Muskeln, sie spürt einzelne Finger nicht mehr, friert ein, wendet sich in Richtung Ufer, taucht auf, und der feste Druck der Kälte schwindet, hinterlässt Wärme, Prickeln, Leichtigkeit. Sie tritt heraus. Wind streicht über ihre Nacktheit. Was vorher kühl war, ist jetzt weich. Ihre Muskeln pulsieren, überziehen den Körper mit einer Schichte Freude, die nichts anderes ist als Durchblutung und dadurch Wahrnehmbarkeit. Fühlbar als angenehmer Umriss, als Hülle, in der sie sich gerne befindet. Am Strand wird P. zur Komplizin ihrer eigenen Haut. Dieser Körper gehört nicht mehr anderen, zur Kontrolle oder zum Vergleich. Sorgen verblassen. Das Feststecken. Die quälenden, sich wiederholenden Gedanken. *Wer sollte eine Frau über fünfzig einstellen. In diesem Alter bist du entwertet. Unsere Gültigkeit ist abgelaufen.* Klagte sie beim Tee mit T. *Wenn du jung bist, nehmen sie dich nicht, weil du schwanger werden und wegen der Kinder alles hinwerfen könntest. Und dann nicht, weil du, während die Kinder klein waren, Teilzeit gearbeitet hast und ins Hintertreffen geraten bist. Und bei informellen Treffen absagen musstest, weil das Au-pair wegen Liebeskummer oder Heimweh ausfiel. Schließlich sind die Kinder aus dem Haus und du bist fünfzig und sie nehmen dich nicht, denn jetzt bist du zu alt.* Aber T. ließ keine Einwände gelten. *Was musst du auch in diesem blöden Schrank zu Hause herumwühlen, anstatt zu entspannen.* Seit Monaten versuchte P. Ballast loszuwerden, weil sie ahnte, bald umziehen zu müssen, um Geld für die Miete zu sparen, falls ihr Arbeitsvertrag nicht verlängert würde. T. hingegen lebte kinderlos in einer vom Papa geschenkten Wohnung. Hatte leicht reden.

Auf der Insel hat P. inzwischen keine andere Aufgabe als sich zu entblößen und ihre Nacktheit ins frische Wasser zu tauchen. Bestimmungen bleiben zurück. Sie ist nicht die einzige am Strand, trifft zuweilen alte Paare und Kleinkinder mit noch nicht ausgestalteten, runden Körpern. Während die Körper ihrer Großeltern entweder über zu viel Haut verfügen, hängende Taschen, Faltenwürfe, schrumpelige Geschlechter, oder prall die Formen ausfüllen, aus denen sie einmal kamen. Alle sind von Sonne und Licht dunkler gefärbt. Ihre Körper strahlen in Unvollkommenheit. Denn nur der Mutige gewinnt, nicht der Schönste, nicht die Jüngste. Das Wort ALT ist in FALTE enthalten, deswegen wird geglaubt, die Falte wäre ein Zeichen für Verfall. P. betrachtet die nackten Körper auf der verborgenen Insel, sieht nicht mehr Makel, sondern liest Geschichten. Die Falte schafft Raum, macht Volumen, eine weitere

Dimension. Die Falte spricht, sie erzählt. Und deshalb bedeuten Falten hier mehr als die aus Filmen geborgte Schönheit, die immer nur jung sein muss.

Nach der Mutprobe im eisigen Meer verschwindet P. erneut in ihrer Kuhle, lädt die Haut mit Sonne auf, lauscht dem Rauschen, dem Hin- und Herziehen der Wellen, den Möwen, döst, blickt durch die harten Gräser auf den Strand, lässt Sand durch ihre Finger rieseln, hört Stimmen sich nähern: Drei Bikinimädchen, die ihre Schwimmkleidung nicht ausziehen, als sie sich glänzend geölt auf Handtüchern am Strand niederlassen, kurz unterhalten, bevor sie ihre Lautsprecher anmachen. Zwischen ihren Beinen leuchten die Farben ihrer knappen Bikinis. Die Beats aus den Lautsprechern bezwingen das Geräusch der Wellen. Die Möwen haben sich verzogen. Die Musik der Mädchen beherrscht jetzt die Umgebung. P.s Gedanken kommen zu einem Halt, sie ärgert sich, überlegt noch, sich zu beschweren, sie ist hier, weil sie Ruhe will, und nur der Meereslärm soll ihre Erinnerung an ein früheres Leben übertönen. Sie will nicht den Vorlieben anderer folgen, jede Musik ist hier zu viel, ein Verstoß, fast regt sie sich auf. Dann schwappt eine große, langgezogene Welle daher, verschlingt Lautsprecher, nässt Tücher und Schenkel der Mädchen. Kreischend fahren sie auf, bringen Geräte und Glieder in Sicherheit. Danke Meer. Für die Zerstörung. Die See hilft, alles abzulegen, zu vergessen, alles zu verlieren. Für kurze Zeit.

Alida Bremer, *1959

CLOSE, BUT NO CIGAR

Ich suchte nach einem Titel, der mein Gefühl zum Thema „Frau Ü60; spät Autorin geworden; Migrantin, die in einer Fremdsprache schreibt; Mutter zweier erwachsener Söhne" am ehesten beschreiben könnte. Alt geworden, aber dankbar für das Wissen, das das Alter mit sich bringt. Wissen ist Macht – dieses geflügelte Wort gewinnt im Leben einer Frau mit dem Verlauf der Zeit an Bedeutung. Ich wollte über eine Frau im besten Alter schreiben, aber ich hatte noch keinen Titel.

Doch war mein bestes Alter nicht zwischen zwanzig und dreißig? Als das Spiegelbild gut gelaunt zurückblickte? Bevor mein Spiegelbild in Richtung der Archetypen verrutschte, in Richtung der Urbilder der Hexen und der Matronen, der alten Weiber in Gesundheitsschuhen, der unattraktiven Geschöpfe, die ihrem Verlag besser Fotos aus jüngeren Tagen zur Verfügung stellen sollten? Ging es mir nicht besser, als ich jung war? Ich war mir damals zwar der Hindernisse bewusst, die einer Frau den Weg versperren – schließlich bin ich an der Schnittstelle zwischen Mittelmeer, Mitteleuropa und dem Balkan aufgewachsen, mehr Patriarchat ging kaum –, aber in meinem jugendlichen Übermut pflegte ich die Gedanken daran zu verdrängen. Heute empfinde ich neben ein wenig Mitleid auch tiefe Sympathie für jenes Mädchen, das an der östlichen Adriaküste ausgerechnet davon träumte, Literaturprofessorin an einer britischen oder amerikanischen Universität zu werden, Romane in englischer Sprache zu verfassen und geistreiche Gespräche zu führen. Und die glaubte, dass sie alles erreichen könnte, wenn sie sich nur genug anstrengte.

Ich suchte nach einem Titel, der das Gefühl beschreibt, nie vollständig zu sein: in jungen Jahren voller Tatendrang, wissensdurstig, aber naiv; im Alter ernüchtert, aber nicht unzufrieden. Ich gab in die Suchmaschine „knapp vorbei ist auch daneben" ein und fand mich in einer Internetdiskussion wieder: Ob es nicht richtiger sei zu sagen „knapp daneben ist auch vorbei"? Ich scrollte nach unten und erfuhr, dass diese Redewendung im Englischen „close, but no cigar" heißt: „Diese idiomatische Redewendung hat ihren Ursprung in der Tatsache, dass auf US-amerikanischen Volksfesten bzw.

Jahrmärkten um die Jahrhundertwende Zigarren als Preise vergeben wurden."

Zigarren gehören in dem Essay „Ein eigenes Zimmer"[3] von Virginia Woolf zu den „Annehmlichkeiten", für welche die Frauen kein Geld haben, nachdem sie es mit Mühe geschafft haben, in Oxbridge eine bescheidene Bildungsstätte einzurichten: „Kein einziger Penny blieb für ‚Annehmlichkeiten' übrig; für Rebhühner und Wein, Pedelle und Rasen, Bücher und Zigarren, Museen und Müßiggang" (S. 26). Den Essay las ich, als ich bereits die ersten Ernüchterungen hinter mich gebracht hatte und aus dem Kokon meiner kindlichen Naivität zu entschlüpfen begann. Rebhühner und Wein waren Begriffe aus einem Schlaraffenland, zu dem ich, das war inzwischen klar, nie vordringen würde, und zwar nicht nur deshalb, weil ich eine Frau war. Zwischen mir und dem fiktiven Oxbridge und auch allen anderen Orten mit der magischen Aura der altehrwürdigen Bildung standen so viele Hindernisse, dass mir die Erinnerung an meine Verehrung für die traditionsreichen Universitäten lächerlich vorkam; die sozioökonomische, geogra-

---

[3] Virginia Woolf: *Ein eigenes Zimmer*. Deutsch von Heidi Zerning. Herausgegeben und kommentiert von Klaus Reichert. Fischer Taschenbuch, Frankfurt am Main 2001.

phische und biographische Realität hatte mich eingeholt. Es war eindeutig, dass uns Frauen auch sonst viel entgeht: „Man kann nicht gut denken, gut lieben, gut schlafen, wenn man nicht gut gespeist hat. Die Lampe in der Wirbelsäule brennt nicht von Rindfleisch und Backpflaumen." (S. 21) Nicht, dass ich verstand, was dem Rindfleisch und den Backpflaumen fehlte, die zur Verpflegung gehörten, die sich die studierenden Frauen in Oxbridge leisten konnten. Aber ich vertraute Virginia Woolf.

Die Gründerinnen jener ersten fiktiven Hochschule für Frauen konnten nur mit größter Mühe das Geld zusammenkratzen, um eine bescheidene Stätte inmitten der Pracht, die den männlichen Gelehrten vorbehalten war, aufzubauen. Warum wirtschafteten unsere Mütter so schlecht, fragt sich die Ich-Erzählerin, dass sie uns gar nichts vererben konnten? Und sie erwähnt an dieser Stelle die Mutter einer ihrer Kolleginnen, mit der sie sich in jenem ärmlichen Frauencollege unterhielt. Diese Frau habe dreizehn Kinder geboren, weshalb es wohl verständlich sei, dass sie kein Vermögen hinterließ. Doch wäre diese Mutter eine erfolgreiche Geschäftsfrau gewesen, dann hätte es ihre Tochter nicht gegeben. Dieses Dilemma ist unlösbar, solange es für das Gebären von Kindern keinen Ausgleich gibt, mit dem die wirtschaftlichen Nachteile der Mütter aufgehoben werden. „Als erstes sind da die neun Monate, bevor das Kind geboren wird. Dann wird das Kind geboren. Dann gehen drei oder vier Monate damit hin, das Kind zu stillen. Nachdem das Kind abgestillt worden ist, gehen bestimmt fünf Jahre damit hin, mit dem Kind zu spielen. Man kann Kinder offenbar nicht einfach auf die Straße schicken." (S. 25) Gleichzeitig forschten gebildete Männer zum Thema „Was ist eine Frau?" Die Erzählerin staunt, zu welchen Aspekten des vermeintlichen Frauseins sich die schreibenden Männer auslassen; die Bibliotheken waren voll von entsprechenden Abhandlungen.

Die britischen Frauen schafften es dennoch, in Oxbridge Fuß zu fassen, bescheiden zwar und ohne gute Weine und Zigarren, aber wie weit entfernt war das von meiner eigenen Realität! Nur etwas war gleich: Die Tatsache, dass eine Frau pro Kind mindestens sechs Jahre ihres erwachsenen Alters opfert, was für eine intellektuelle oder künstlerische Karriere sehr viel ist. Heute sind meine Kinder zwar keine Kinder mehr, sondern Männer mit Bärten und tiefen Stimmen, die selten anrufen und sich noch seltener blicken lassen. Das nennt sich Selbstständigkeit und gelungene Erziehung, aber auch leeres Nest, das mir das Gefühl der Verlassenheit gibt – und mir meine Zeit zurückschenkt. Als meine Söhne klein waren, las ich jede Stipendien-Ausschreibung mit Wehmut; mein erträumtes Oxbridge entfernte sich immer mehr von mir. Schwangerschaften, Stillzeiten, Kinderkrankheiten, traumatische Schulzeiten der pubertierenden Jungen – all das wurde nicht berücksichtigt, es gab keine Ausschreibung mit dem Zusatz: „Pro geborenem Kind werden Ihnen jeweils 6 Jahre angerechnet, so dass sich die ausgeschriebene Altersgrenze für Sie entsprechend verschiebt." In meinem leeren Nest und im Besitz meiner zurückgewonnenen Zeit begegne ich immer noch den gesetzten Altersgrenzen: Ausschreibungen für Preise für junge Autorinnen und Autoren, Stipendien für junge Wissenschaftlerinnen und Wissenschaftler – Höchstalter 35, Höchstalter 28, Höchstalter 40. Die Jahre, die mit den Kindern verloren gingen, werden noch immer nicht angerechnet, von den Jahren, die ich brauchte, um Deutsch zu lernen, ganz zu schweigen. Sicher, die jungen Menschen brauchen ihre Chancen, auch meine Kinder sollen sich bewerben, und alte Migrantinnen sollen ihre Chancen nicht mindern, denke ich dann, ausgesöhnt mit der Wirklichkeit. Close, but no cigar.

Virginia Woolf schrieb ihren Essay 1928, in jenem Jahr, in dem mein Vater auf einem Bauernhof in Dalmatien als das vierte der elf Kinder geboren wurde, die seine Mutter hintereinander zur Welt brachte. Als sie mit meinem Vater schwanger war, erkrankte sie an Malaria, die in jenen Jahren in den Sumpfgebieten im Hinterland der Adriaküste wütete. Diese Gegend war zuvor eine entlegene österreichische Provinz gewesen, später wurde sie zu einer entlegenen Provinz des Königreichs der Serben, Kroaten und Slowenen, dann zu einer vernachlässigten Provinz im sozialistischen Jugoslawien und heute ist sie eine vergessene Provinz der Republik Kroatien. Der alte Bauernhof meiner Großeltern wurde 1992 im Krieg zerstört, so dass nur noch Ruinen und rauschende hohe Pappeln entlang des Flusses, an dem einst meine Vorfahren eine Mühle betrieben, an sie erinnern. Und die Namen am Friedhof, zu dem man über die wiederaufgebaute Brücke gelangt. Zum Glück sind die Malariamücken in der Gegend ausgerottet worden. Wie weit entfernt doch England war! Virginia Woolf beginnt das 5. Kapitel ihres Essays mit der Feststellung, dass „jetzt von Frauen fast ebenso viele Bücher geschrieben (werden) wie von Männern". Hätte meine Großmutter – Virginias Zeitgenossin – diese Zeilen damals lesen können, hätte sie vermutlich geglaubt, dass die Autorin in einer anderen Galaxie und ganz gewiss in einer anderen Zeitdimension lebte. Virginia Woolf konnte auf George Eliot, Jane Austen oder die Schwestern Brontë zurückblicken, auch wenn sie „Shakespeares Schwester", die sie Judith nannte, nachtrauerte: „Sie starb jung – leider schrieb sie nie ein Wort." (S. 111) Doch das war im Elisabethanischen Zeitalter, während anderswo in der Welt noch heute, vier Jahrhunderte später, junge Frauen sterben, ohne die Möglichkeit zu bekommen, ein Wort aufzuschreiben. Meine Großmutter starb auch bald, nachdem sie ihrem elften Kind das Leben geschenkt hatte.

Aber auch in dieser gottvergessenen Gegend machte man Sprünge in der Zeit. Ich war eines von nur zwei Kindern meiner Mutter, ich lernte mit vier lesen und verschlang Bilderbücher in der örtlichen Bibliothek (damals waren überall Bibliotheken entstanden, dem jugoslawischen Sozialismus sei Dank), dann auch zu Hause, da meine Eltern angefangen hatten, „über die Gewerkschaft" Bücher zu kaufen. Ihr gemeinsames Leben begann in einem baufälligen Haus, in dem es nicht einmal fließendes Wasser und natürlich keine Bücher gab, doch die neue politische Gesellschaftsordnung ermöglichte es der Arbeiterklasse, einmal im Monat Bücher zu kaufen: Enzyklopädien und Memoiren, Gedichte russischer Dichter und Andersens Märchen, die Romane der Nobelpreisträger, Piratengeschichten (die Reihe „Der Pirat von Dubrovnik" war besonders wunderbar), britische Krimis, um Italienisch zu üben *I promessi sposi* und obendrein Erzählungen über Partisanen. Meine Eltern schenkten diese Schätze ihrer wissbegierigen Tochter, verwundert über ihre Leselust. Es versteht sich von selbst, dass es Bücher von Männern waren, in denen Frauen nur bestimmte Rollen zugeschrieben wurden, was in mir – das muss ich zugeben – Unbehagen erzeugte, aber mich nicht am Lesen hinderte. Meine Eltern förderten auf ihre unbeholfene Art meinen Wissensdrang, waren stolz auf meine guten Noten, ermöglichten mir das Erlernen von Fremdsprachen und schließlich das Studium der Literaturwissenschaft. Sehr lange glaubte ich deshalb, dass ich mich ausschließlich durch meine Bildung definieren könne. Die größte Überraschung erlebte ich dann in Deutschland. Obwohl ich erst mit 26 begonnen hatte, Deutsch zu lernen, schrieb ich in der neu erlernten Sprache – es war meine fünfte Fremdsprache – meine Doktorarbeit bereits mit vierunddreißig, dazwischen bekam ich ein Kind. Doch in Deutschland definierte mich plötzlich meine Herkunft, die gepaart mit meinem Geschlecht die Schnittstelle „Personal" ergab. Ich erlebte es immer wieder, dass nach dem Kennenlernen in einer gehobeneren deutschen Gesellschaft mein Gegenüber entgegnete: „Ach, Sie sind aus Kroatien! Wie schön! Unsere Putzfrau/ unsere Kinderfrau/ unsere Haushälterin/ unsere Köchin/ unsere Zlata, ein reines Goldstück/ unsere Perle usw. – you name it – stammt auch aus Kroatien!"

Meine Herkunft wurde zunehmend zum Thema, als in meiner Heimat der Krieg begann. Bald wussten alle in meiner Umgebung über diesen Krieg Bescheid, ähnlich wie die männlichen Gelehrten in „Ein eigenes Zimmer" alles über Frauen wussten. Jahrelang wunderte ich mich vergeblich, wieso niemand in mir eine Gelehrte sah, die in ihren Träumen durch Harvard oder Oxford schlendert und über die Poetik von Wystan Hugh Auden oder über die Semiotik in den Krimis von Agatha Christie forscht, sondern mich alle immer unfehlbar den Stichworten „Jugoslawien, Balkan, Krieg, Gastarbeiter, Personal" zuordneten. Wieso mir außerdem so wenige zutrauten, dass ich über den Krieg möglicherweise etwas besser Bescheid wusste als sie.

Auch das ist eine Wohltat des Alters: Inzwischen wundere und ärgere ich mich nicht mehr.

Close, but no cigar. In einer meiner feministischen Phasen hatte ich einen Essay über die Konstruktion des Geschlechts auf dem Jahrmarkt verfasst. Die Jahrmärkte hatten sich als eine thematische Fundgrube erwiesen:

Schlangenfrauen, Wahrsagerinnen, Bauchtänzerinnen, Tarzane und Frankensteine tummelten sich dort zwischen Zuckerwatte und gebratenen Mandeln, während man an den Schießbuden pinke und hellblaue Plüschhasen gewinnen konnte. Inzwischen weiß ich, dass der Feminismus dem Hasen aus der Fabel ähnelt: Er kann noch so viele Kapriolen schlagen und Kunststücke vollführen, hin- und herrennen und allen zurufen, sie mögen seine Geschwindigkeit bewundern und diese anerkennen, die langsam kriechende Misogynie mit ihrem Panzer aus Machtanspruch und ihrer Beständigkeit wird dennoch immer als Erste durchs Ziel gehen. Das bedeutet nicht, dass der Feminismus aufgeben sollte. Er sollte die Fabel wechseln und zur Krähe werden, die so lange Steinchen in den hohen Wasserkrug wirft, bis das Wasser so weit aufsteigt, dass sie es mit ihrem Schnabel durch die schmale Öffnung des Kruges aufsaugen kann.

Woraus sollen die Steinchen bestehen? Aus den aktuellen verbitterten Debatten darüber, welche Minderheit benachteiligter ist? Frauen sind keine Minderheit. Aus den neu formulierten Antworten auf die uralte Frage, was eine Frau zur Frau macht? Bestimmt nicht. Im Essay von Virginia Woolf gelten die Abhandlungen über das Wesen des Frauseins zu den Beispielen einer auf Macht ausgerichteten Wissenschaft, die zur Bestätigung der Überlegenheit jener Forscher diente: „Sie waren im roten Licht der Emotion geschrieben worden und nicht im weißen Licht der Wahrheit." (S. 35) Ähnlich emotional verlaufen die Diskussionen auch heute – und dienen vermutlich ebenfalls persönlichen Bestätigungen, auch wenn sie heute nicht nur von Männern ausgetragen werden, sondern im Wirbel des „Unbehagens der Geschlechter". „Ist Ihnen bewußt, daß Sie vielleicht das am häufigsten abgehandelte Tier des Universums sind?" (S. 29), fragte Virginia Woolf ihre imaginären Leserinnen im Jahr 1928, nachdem sie im Katalog des Britischen Museums die von Männern verfassten Titel über Frauen durchgesehen hatte. Zu den ihr wichtigen Themen „Frauen und Armut" und „Frauen und Literatur" fand sie jedoch nichts Aufschlussreiches.

Nichts ist schwieriger abzustreifen als eine von außen übergestülpte Identität. Die Diskrepanz, die zwischen der jugoslawischen patriarchalischen Gesellschaft und meinem jugendhaften Streben nach Bildung klaffte, war weniger bedrückend als die Diskrepanz zu meinem späteren Dasein als Frau, Mutter, Literaturwissenschaftlerin und Autorin in Deutschland, wo die Etiketten „Ausländerin" und „Migrantin" meine Individualität zu ersticken drohten. Diese aufgezwungene Identitätszuschreibung, die ich noch immer mit mir herumschleppe, abzuwerfen, betrachte ich als eine wichtige Altersaufgabe. Ich möchte mit dem Enthusiasmus meiner Jugend, aber mit dem Wissen von heute, ganz ungehindert und undefiniert nur noch ich sein, guten Wein trinken und ab und zu eine Zigarre paffen.

Zdenka Becker, *1951

TANZEN IM KOPF

Waschen, wickeln, anziehen, füttern. So beginnt für mich jeder Tag, der in der umgekehrten Reihenfolge endet. Füttern, waschen, wickeln, umziehen, niederlegen. Monoton, schweigsam und doch voller unerwarteter Momente. Atemnot, Schluckprobleme, Entzündungen, Druckgeschwüre. Bestellung der Nahrung für die Magensonde. Windeln, Desinfektionsmittel, Tücher, Schläuche, Tupfer, sterile Gummihandschuhe. Einteilung der Termine. Logopädin, Physiotherapeut, Friseurin, Masseurin, Fußpflege, der Optiker wird auch kommen müssen, weil die Brille unbemerkt auf den Boden gefallen ist und ich draufgetreten bin. Und gleich danach eine anaphylaktische Reaktion gegen Medikamente, die der Körper zuerst annahm und dann aus heiterem Himmel vehement verweigerte. Anrufe bei den Ärzten, Fahrt ins Krankenhaus mit Blaulicht.

Seit zwei Jahren arbeite ich bei Elvira, pflege ihren von Amyotropher Lateralsklerose befallenen Körper, versuche ihn am Laufen zu halten, ihre Schmerzen erträglicher zu machen. Mehrmals am Tag hebe ich sie mit dem Kran vom Bett, setze sie in den bequemen Wohnzimmerstuhl, den ich zur Terrassentür drehe, damit sie im Garten die Vögel und Katzen, die auf Besuch kommen, beobachten kann.

Die Krankheit verdreht ihre Hände, zieht sie im Krampf in unnatürliche Stellungen, spreizt die Finger auseinander, dreht den Daumen zurück. Am Anfang, als ich zu ihr kam, konnte sie noch mit Mühe sprechen, das geht aber schon seit etwa einem Jahr nicht mehr. Wir kommunizieren mit meiner Stimme und ihren Blicken und Gesten. Der Körper erlahmt, die Augen sind wach. Als ob die Krankheit die Augäpfel vergessen hätte.

Elvira war in ihrem früheren Leben eine Musical-Tänzerin, später Choreografin an einem großen Theater. Das erzählte sie mir gleich zu Beginn und zeigte stolz auf die Fotos, die in allen Zimmern an den Wänden hängen. Auf ihnen ist eine schlanke, schöne und durchtrainierte Frau mit berühmten Persönlichkeiten aus dem Showgeschäft zu sehen. Selbstbewusst, verwöhnt vom Ruhm, gepflegt, modisch gestylt, zufrieden lächelnd.

Wie jeden Tag beginnen wir mit dem Waschen. Der fragile Körper verträgt keinen harten Duschrollstuhl mehr, deshalb wasche ich sie im Liegen im Bett. Ganz vorsichtig ziehe ich sie aus, streife die Kleidung von dem verkrampften Körper wie die Häute einer welken Zwiebel, Schicht für Schicht, bis ich bei der schuppigen Haut ankomme, das Schmetterlings-Tattoo entblöße, die verrutschten Silikonbrüste zurechtrücke. Wieso hat man ihr die Implantate noch nicht entfernt, wundere ich mich, wenn sie nicht mehr strammstehen und schon gar nicht verführerisch sind? Ihren Sohn, der an der New Yorker Columbia University Schauspiel studiert, der bisher nur einmal gekommen ist und mit dem ich regelmäßig videotelefoniere, brauche ich danach nicht zu fragen, ich fürchte, er könnte damit überfordert sein.

Lauwarmes Wasser in einer Plastikschüssel mit mildem Duschbad, ein Waschlappen, angewärmte Handtücher. Ganz leicht ziehe ich den feuchten Waschlappen über den Hals und die Schultern, rutsche unter die Achseln, reibe die Hautfalten aus, mache das Tuch erneut nass, winde es aus, kreise damit über die Brüste, umrunde sie, zwinge ihnen die für sie gedachte Stellung auf. Der Bauch, der Rücken, das Geschlecht.

Am Anfang, als ich zu ihr kam, schämte sie sich vor mir, versuchte ihre Nacktheit für sich zu behalten, ihre Unzulänglichkeit, ihre Hilflosigkeit zu verbergen. Aber mit den Jahren gewöhnten wir uns aneinander. Sie lässt scheinbar teilnahmslos meine Berührungen zu, erlaubt mir, ihre intimsten Stellen zu waschen, zu betupfen, einzucremen. Im Gegenzug dazu nehme ich ihre gelegentlichen Gefühlsausbrüche nicht mehr so ernst wie zu Beginn und lasse die verzerrten Schreie an mir wie Hagelkörner abfallen.

Natürlich kenne ich nackte Körper, vor allem die meines Mannes und unserer Kinder, erinnere mich an die strammen, athletischen Formen meiner früheren Liebhaber. Es wird mir bewusst, dass die Nacktheit, die sich mir bisher offenbarte, stets eine junge, ästhetische Nacktheit war, die nichts zu verbergen hatte. Die einzige Ausnahme ist mein Mann, der jung in mein Leben trat und mit mir langsam alterte.

Die Nacktheit meiner Eltern kannte ich nicht. In ihrer Generation war es üblich, die Geschlechtsteile vollständig zu bedecken und so zu tun, als ob es sie gar nicht gäbe. Wenn die Mama baden ging, verschloss sie die Badezimmertür von innen, was die Fantasie der Kinder noch mehr befeuerte. Vor allem meine Brüder hätten alles dafür gegeben, um den Anblick eines Fleckchens unbedeckter weiblicher Haut zu erhaschen.

Elvira, meine Klientin, ist sechzehn Jahre jünger als ich. Ein Paradoxon. In der Regel sind die Klienten viel älter als ihre Pflegerinnen. Doch in diesem Drama hat das Schicksal eine große Rolle gespielt und das Drehbuch gehörig durcheinandergebracht. Die heimtückische Krankheit überfiel Elvira unvorbereitet. Am Höhepunkt ihrer Karriere.

Begonnen hat es mit einer plötzlichen Schwäche in der linken Hand, dann folgten unkontrollierte Spasmen beider Hände und Arme, irgendwann begann auch der Kopf so zu wackeln, als ob er jeden Moment wie eine überreife Frucht abfallen könnte. Es folgten komplexe Untersuchungen in Universitätskliniken und Sanatorien, die besten Spezialisten wurden zu Rate gezogen, aber der Zustand verschlechterte sich zusehends. Durchschnittlich drei Jahre dauert die Krankheit, die zu einem qualvollen Tod führt. Valium und Morphium werden irgendwann zu Verbündeten.

Manchmal, wenn Elvira schläft – und wer weiß, wie lange der ruhige Zustand andauern wird –, stelle ich mich nackt vor den Spiegel und betrachte mich. Sechsundsechzig Jahresringe umkreisen meinen Körper, der nicht mehr jung und schön ist, der aber immer noch funktioniert. Die Anzeichen eines fortschreitenden Zerfalls sind mehr als sichtbar. Die Brüste, die nach zwei Schwangerschaften und langen Stillzeiten der Gravitation folgen, die Oberarme, die in waagrechter Stellung wie Pelikan-Schnabelsäcke in der Luft schlabbern, der Bauchansatz, der am unteren Rand eine unschöne Falte bildet, die nicht mehr bikinitauglich ist.

Aber ich bin gesund und stark, das ist das Wichtigste in meinem Beruf, sage ich mir immer wieder. Ob die Brüste prall und an den richtigen Stellen platziert sind oder wie welke Socken hängen, das interessiert hier niemanden. Zu Hause schon. Mein Mann entwickelt sich plötzlich zum Ästheten und dreht sich ungeniert nach jungen attraktiven Frauen um. Auf meine Bemerkung, die Titten der vorbeischwebenden Schönheit wären nicht echt oder die Lippen aufgespritzt, reagiert er lachend und meint: „Dir würde eine Korrektur auch nicht schaden." Und dann folgen Ratschläge, ich solle mich nicht so gehen lassen und andere Frauen hätten auch Kinder geboren und seien trotzdem sexy.

Ich arbeitete stets manuell, schindete meinen Körper bis zur Erschöpfung. Zuerst war ich Helferin im Krankenhaus, dann Pflegerin in einem Seniorenheim. Ganz nebenbei pflegte ich auch noch meine Mutter, die nach einem Oberschenkelhalsbruch nicht mehr auf die Beine kam. Tag für Tag hob ich die alten Menschen aus ihren Betten, lieh ihnen meine Kraft, damit sie zumindest ein paar Stunden am Tag aufrecht auf die Welt schauen konnten. Der Preis dafür waren zwei Bandscheibenvorfälle, eine Operation und Tausende dankbarer Blicke.

„Du bist dumm, lässt dich ausnützen", sagt mein Mann oft, wenn ich über Kreuzweh oder einen steifen Nacken klage. „Die Alten sterben sowieso bald weg, das bisschen Liegen schadet ihnen nicht." Und dann kuschelt er sich an mich und lässt sich von mir seine Verspannungen wegmassieren, weil er, während ich bei Elvira war, seine Wäsche gewaschen und für das kommende Wochenende eingekauft hat. Um ihn zu entlasten, putze ich die Wohnung, koche für ihn vor, friere portionsweise Gulasch, Rindsschnitzel, Kalbsvögerl und Rouladen ein, alles seine Lieblingsspeisen, bügle seine Hemden und putze die Fenster, weil ich es sonst vor Ostern nicht mehr schaffen werde.

Obwohl ich schon längst in Pension bin, arbeite ich weiter. Mein Pflegeberuf in Österreich ermöglicht es uns, ein bisschen freier zu atmen. Gas, Strom, Lebensmittel – alles wird teurer. Mit meinem Zuverdienst sind wir auf der sicheren Seite.

Immer, wenn ich zu Hause bin, besuche ich unseren Sohn und seine Familie, backe einen Kuchen und bringe ein paar Kleinigkeiten für die Enkel mit. Meine Tochter wartet schon ungeduldig auf mich und drückt mir gleich ihre dreijährigen Zwillinge in die Hand, weil sie den Stress mit ihnen kaum noch aushalten kann. Ich soll ihr helfen, zumindest jetzt, da ich endlich bei der Familie bin. „Erholen kannst du dich bei Elvira", scherzt mein Schwiegersohn, „sie liegt sowieso nur herum."

Die zwei Wochen zu Hause sind schnell um und ich packe schon wieder meinen Koffer. Mit dem Pflegerinnen-Sammeltaxi fahre ich 600 Kilometer zu meiner Klientin, um die sich während meiner Abwesenheit Jolanka gekümmert hat.

„Alles in Ordnung?", frage ich, während ich wie gerädert aus dem Van aussteige. Der Fahrer hievt meinen Koffer aus dem Kofferraum und stellt an seine Stelle den von Jolanka.

„Sie ist schon ganz aufgeregt. Macht es euch schön miteinander", ruft meine Kollegin aus dem offenen Wagenfenster schon am Wegfahren.

„Das machen wir."

Heute ist ein besonderer Tag. Elvira feiert ihren fünfzigsten Geburtstag. Gestern habe ich eine Torte gebacken, die sie kaum essen wird können. Das wichtigste Kriterium: Schön soll sie sein. Deshalb habe ich sie auch reichlich mit Amaretto-Kirschen und einer aufsteckbaren Deko mit der Aufschrift „Happy 50th Birthday" verziert. Am Abend werden wir Kerzen anzünden, schöne Musik spielen, vielleicht schauen wir uns ein Video an.

Die Verwandten und ein paar Freunde schickten Glückwunschkarten, ein Blumenstrauß vom Theater kam an, der Sohn erzählte der Mutter am Vortag des großen Tages via Skype von seinem aufregenden Leben in Amerika und versprach, wie so oft, sie bald besuchen zu kommen.

An gewöhnlichen Tagen machen wir es uns miteinander gemütlich. Elvira verbringt die meiste Zeit in hübschen Pyjamas und Nachthemden, darauf legt sie viel Wert, ich in Jogginghosen und T-Shirts. Wir sind ja bei keiner Modenschau. Aber heute feiern wir und deshalb überrascht mich Elviras Wunsch nicht, ich möge sie richtig schön herrichten. Sie deutet auf das lange, smaragdgrüne Pailletten-Kleid in ihrem Schrank, das nicht leicht anzuziehen ist. In den letzten Jahren hat ihre Figur die Spannung fast vollständig verloren. Ich kämpfe mit ihren erschlafften Gliedmaßen, sehe ihren Schmerz, merke aber auch, wie wichtig ihr das schöne Aussehen ist. Nach endlosen Minuten gelingt es mir, ihre Arme in die langen Ärmel zu stecken und das Kleid bis zu den Knöcheln zu ziehen. Nur den Zippverschluss auf dem Rücken lasse ich offen. Wenn Elvira im Rollstuhl sitzt, sieht man den Schlitz sowieso nicht. Ich mache ihr noch die Frisur zurecht, betupfe ihre Wangen mit einem Puder in Sand-Rosé, lackiere ihre Fingernägel mit smaragdgrünem Lack passend zum Kleid, ziehe die Lippen mit rotem Lippenstift nach. Elvira, die jetzt wie eine gebrochene Schaufensterpuppe aussieht, lächelt mich an und deutet mir, ich solle mich auch hübsch machen und mir aus ihrem Schrank etwas aussuchen.

Ich entscheide mich für einen schwarzen, wadenlangen Plisseerock, der als einziger ein Gummiband hat und meine füllige Körperform akzeptiert. Dazu ziehe ich eine kurze, cremeweiße, lose geschnittene Spitzenbluse an. Nie in meinem Leben hätte ich mir so etwas gekauft, aber als ich die Sachen auf dem Kleiderbügel hängen sah, konnte ich nicht widerstehen und probierte sie an. Ohne zu überlegen, schlüpfe ich in die roten Highheels, die auf dem Kastenboden neben anderen ausgefallenen Schuhen strammstehen, und stelle fest, dass ich damit einigermaßen gehen kann. Was heißt gehen, ich schwebe über das Parkett wie eine Primaballerina! Vor lauter Verwunderung über mein ungewohntes Aussehen drehe ich mich vor dem Spiegel wie ein Mannequin nach links und rechts, probiere verschiedene Posen aus, mache spontan ein Selfie und schicke es meinem Mann. Da höre ich schon Elviras Stöhnen aus dem Wohnzimmer und eile zu ihr.

Nach dem Abendessen – Elvira bekam von mir eine hochkalorische p4-Proteinmischung direkt durch ein Magenventil verabreicht, der bräunliche Brei brauchte fast eine Stunde, um ihre Verdauung zu erreichen, für mich habe ich Zucchini-Nudeln mit Parmesan gekocht – genehmigen wir uns ein Gläschen Prosecco. Im Kerzenschein schneide ich die Geburtstagstorte an und lege zwei Stücke auf die Teller. Bevor ich mich über mein Tortenstück hermache, darf auch Elvira von ihrem Geburtstagskuchen kosten. Natürlich füttere ich sie. Ein, zwei Löffelchen führe ich an ihren Mund, mehr verkraftet ihr Magen nicht. Frei nach unserem Motto: die Nahrung durch die Sonde, den Genuss auf die Zunge. Sie hustet, verschluckt sich, hustet noch mehr, trotzdem leckt sie zufrieden ihre Lippen ab. Ihre Augen strahlen.

Ich schalte den Fernseher ein und schiebe eine DVD in den Player. Es ist die Aufnahme des letzten Musicals, bei dem sie die Choreografie gestaltete. Die Musik ertönt, Elvira macht die Augen zu. Ich setze mich zu ihr und halte ihre Hand. Ihre unruhigen Finger greifen aber ständig nach den kleinen Figuren, Kugeln und Würfeln, die ich ihr zum Üben der Motorik auf einen Schwenktisch hingestellt habe. Sie verrücken sie hin und her, ziehen sie zu sich. Die Fingerkuppen tasten über die Oberflächen, studieren sie, senden Signale an ihre braunen Augen, die bei Gefallen aufleuchten. Dann bemerke ich, dass sie schwer, aber doch merkbar ihren Körper im Klang der Melodie bewegt. Sie macht die Augen auf und wieder zu. Sie lächelt. Ich habe das Gefühl, dass sie im Kopf mittanzt.

Mein Telefon summt, eine Nachricht ist gekommen. Ich schaue auf das Display und lese: „Was soll die Maskerade?", fragt mein Mann. Ich schalte das Handy aus, nehme Elvira an den Händen und ziehe sie im Rollstuhl in die Mitte des Raumes. Zusammen warten wir auf den ersten Takt. Elvira weiß schon, was kommen wird und klopft freudig im Rhythmus der Musik auf die Armlehne. In dem Augenblick ist sie wieder schön. Wunderschön.

Marlene Streeruwitz, *1950

WIR BETROGENEN.

Die Menopause kenne ich aus Thomas-Mann-Novellen. „Kannte ich", müsste ich sagen. Aber. Ist eine Passage im Leben in der Vergangenheit bekannt oder bleiben die Erkenntnisse eine Gegenwart. Wie es ja insgesamt um die Zeit geht. Schließlich ist es ein „Noch", das sich ins Leben schiebt. Noch. Noch nicht. Nicht noch. So heißt es für alle. Für Frauen. In der weiblichen Biographie.

Es war absolut systemisch, dass ich über dieses „Noch" und das „Nicht-mehr" daraus von einem Klassiker der deutschen Literatur aufgeklärt wurde. Es handelt sich ja in jedem Fall um jene kulturellen Diktate, die von Thomas Mann perfekt verwörtlicht ausgegeben wurden. Es ging um Beschränkung. Das ist das, was mir blieb. Die Beschränkung des Weiblichen in die Fruchtbarkeit. Nun. Beim Lesen der Novelle „Die Betrogene". Ich war dreizehn Jahre alt. Die Aufklärung einer jungen Frau in den 60er Jahren des 20. Jahrhunderts war eine sehr eklektische Angelegenheit. Medizinische Bücher. Klassische Literatur. Popkultur. Andeutungen. Ungenauigkeiten. Verschämtheiten. Es war nichts klar und deutlich umrissen. Es war nicht klar, was Geschlecht war und wie das zur Erscheinung kam. Erinnern wir uns, dass unsereine in der katholischen Kirche noch als Weib angesprochen wurde. Und. Gerade fand der fundamentale Bruch zwischen vorgeschriebenem Leben in ständischer Gebundenheit und freier Wahl des Lebenswegs statt. Dass es für eine junge Frau diese Freiheit nicht so frei geben sollte, wie das für den jungen Mann der 1960er Jahre gedacht war, dafür sorgten ebendiese klassischen Versatzstücke des Kulturellen und die Literatur besorgte das. Gründlichst. Es nennt sich Kanon, was da weiterhin einstig Hegemoniales in Erinnerung behält.

Ich erfuhr also aus der deutschen bürgerlichen Literatur, dass es eine Zeit in meinem Leben geben würde, in der sich mir der Geschlechtsverkehr verböte, weil mein Körper, alt geworden, kein Kind mehr produzieren würde. Mit dreizehn ist das ja weit weg. Mit dreizehn findet man die eigenen Eltern alt. Die waren damals Ende dreißig. Aber trotzdem. Eine Beschwerung deutete sich an. Eine dunkle Ahnung von Ende und schlechten Gerüchen. Scham war gefordert und ließ

Vorstellungen von verdunkelten Zimmern aufsteigen. Rückzug. Verstecken. Verbergen. Ja. Das Lebensrecht selbst schien in Frage gestellt. Mit dreizehn. Da fragt eine nicht. Da wird weggeschoben. Die unangenehmen Gefühle werden abgewiesen. Das wird alles später passieren. Und außerdem. Das wird mir alles nicht passieren. Ich würde elegant altern. Ich würde keine Probleme haben. Ich würde mich nicht unwürdig benehmen und nach jungen Hauslehrern gieren. Das war ohnehin peinlich, sich nach einem so viel jüngeren Mann zu sehnen. Der Hochmut einer Dreizehnjährigen lässt die Konstellation höchst absurd erscheinen.

Aber. Prägungen sind prägend. Die Thomas Mann'sche Unterrichtung über das Altern und die Prüderie hielt an. Und. In gewisser Weise bildete sie die Linie, die entlang alle Erfahrungen gemessen wurden. Und. Ich hoffe sehr, dass Thomas Mann schon zu seiner Zeit oder für alle Zeit in seinen Berichten vom Altern als Strafe falschlag. Wie Rosalie von Tümmler in seiner Novelle gleich innert Wochen sterben muss, weil sie ihre Liebe dem Hauslehrer gestanden hat. Dass sie für dieses Geständnis in geheime Räume gehen muss und dann aus Rücksicht auf die Welt und wegen fehlender Spontaneität ihre einzig mögliche Liebesnacht versäumen muss. Begehren. So werden wir hier unterrichtet.

Begehren von Frauen. Das ist eben strafbar und sogar die Natur weiß das und setzt die Regeln durch. Frau von Tümmler muss gleich fast verbluten. Das Blut ihres Körpers ist nicht das erhoffte, die Jugendlichkeit beschreibende Menstruationsblut, sondern der Blutstrom, der den Phallus abwehren muss. Vom eigenen Körper verlassen. Der Schriftsteller schreibt die Frau in den Tod. Ein schmählicher Tod ist das. Während Professor Aschenbach in Venedig angesichts des begehrten Tadzio sterben darf, wird Rosalie von Tümmler mit dem Versagen ihrer Gebärmutter an die Unzeitlichkeit ihres Begehrens erinnert. Das Organ der Mutterschaft zerstört sie. Sie hätte den Bezirk des Mütterlichen nicht verlassen dürfen.

Und wirklich. Ich dachte als Dreizehnjährige sehr brav mit dem Schriftsteller mit. Wie auch nicht. Klassiker sind so eine Art Beipackzettel für Lebensfragen, und ich weiß, dass meine Mutter sich wünschte, ich bekäme alle Antworten aus den Büchern und würde ihr so die Befragung ersparen. Umso wütender machten mich dann meine eigenen Erfahrungen als Mutter und als älter werdende Frau. Denn. Die mir durchaus damals entfernt und in eine andere Zeit gehörend scheinenden Erzählungen. Sie waren immer noch in Wirkung. Subtil und diskret galten alle diese Ahnungen und Verbote ja immer noch. Was eine Mutter war. Wie eine Mutter sich aufzuführen hatte. Nämlich nicht. Wie eine Mutter als Person verschwinden sollte und ihrer Rolle nachkommen. Und das wörtlich. Denn. Es waren die Männer, die sich in den 70er Jahren des 20. Jahrhunderts befreit hatten. Und das auf Kosten der Frauen, die nun nicht nur für sich selbst sorgen mussten. Die Aushandlungen zwischen den Geschlechtern. Also das, was dann Beziehung genannt werden soll. Diese Aushandlung musste von Seiten der Frauen durchaus neu begonnen werden. Auf der anderen Seite. Jeder Mann ist Kriegsgewinnler aus der Geschichte des Patriarchalen. Und in dieser Geschichte, da gelten die Klassiker weiterhin.

Nun geht das Leben ja über all diese kleinen Vorstellungen hinweg. Also. Eine findet sich plötzlich mitten in dem Alter, das Menopause genannt wird, und schaut sich um. Und wie immer. Es gibt keine allgemeine Auskunft. Es gibt nur die jeweilige Geschichte. Und auch wie immer. Eine muss das mit sich selbst abmachen. Im Kosmos des Öffentlichen gilt nur die Biografie des Schriftstellers. Die Beschriebenen bleiben ihm zugeordnet. Das Auktoriale regiert. Die klassische Erzählung bleibt Zufügung. Das einzelne Leben. Und wenn das dann dazu noch das einzelne Leben einer weiblichen Zuordnung ist. Wir werden. Wir sind einem vagen

Tratsch ausgeliefert. Unsere Lebenswirklichkeiten werden in den Sozialwissenschaften derart fragmentiert dargestellt, dass wir mühelos in der Lage sind, uns selbst zu tranchieren und wirklich in eine Menopause zu geraten, von der die Medizin auch nur eine vage Vorstellung hat. Ratschläge ja dann schon nicht. Außer der Nachstellung von Jugendlichkeit durch Hormongaben ist da nicht viel zu haben.

In den USA erlebte ich, wie fast alle Frauen diesen Hormonersatz zu sich nahmen und sich erhofften, begehrenswert zu bleiben. Das war aber vor allem beruflich gemeint. Diese Frauen wollten ihre Kompetenz nicht durch ältliches Aussehen verlieren. Das ist zwanzig Jahre her. Jede zweite dieser Frauen erkrankte an Brustkrebs. Und. Jedesmal musste ich bei dieser Nachricht an die Novelle denken. Folgten diese Frauen der Thomas Mann'schen Vorschreibung und bestraften sich selbst für ihre Kühnheit, dem Alter in die Parade fallen zu wollen.

Zwar wurde spät am Abend durchaus darüber getuschelt, wie das mit dem Sex so ging. Aber der Hauptgrund für die Hormongaben betraf die Arbeitsfähigkeit. Das wird auch der Hauptgrund für den jetzigen Diskurs über die Menopause sein. Die Anpassung an die Arbeitswelt oder die Anpassung der Arbeitswelt an die Lebenswirklichkeit weiblicher Geschlechter. Und wieder gelten die sagenhaften Vorstellungen von dem, was da passiert. Menopausalerweise. Und eigentlich. Es wird wohl so sein wie mit der Menstruation. Die war ein Tabu, solange sie nicht ausbeutbar war. Ich arbeitete selbst gerade in einer Werbeagentur, als die Werbung für Hygieneartikel für Frauen aufgenommen wurde. Ich kann mich an Brainstorming-Sitzungen erinnern, in denen es keine einzige Frau gab. Die Männer der Agentur erfanden die Menstruation neu dafür, dargestellt und als Grund für Konsum verwendet werden zu können. Nie wurde eine der Mitarbeiterinnen befragt, wie das nun so sei. Die Texter und Produktmanager und Grafiker. Ohne jede Forschung schusterten sie das Phänomen zusammen. Und. Das Tabu wurde zerbröselt und entsorgt. Bearbeitet ja nicht.

Und so scheint es mir mit der Menopause zu sein. Ich wünschte, das „Noch" gälte sehr viel stärker für das Weibliche und dann gleich wieder nicht. Ich wünschte geheime Zimmer für den Zustand des Weiblichen und große Marktplätze der Verkündigung davon. Gleichzeitig Anleitungen zu den Erscheinungen und tiefste Geheimhaltung. Kostbares Selbst und selbstverständliche öffentliche Existenz. Es ginge darum, nicht erklären zu müssen, in welcher Lebensphase eine sich befindet.

Denn das ist es, was ich weiß. Ich war mit zehn Jahren am klügsten und mein ganzes Leben lang geht es darum, diesen Zustand wieder herzustellen. Hormone hin oder her. Es war die kulturelle Übermacht des auktorialen Kanons, die eine so weit von diesem frühen Klugsein in all die Anpassungsversuche wegschleuderte. Es ist schön, vom Körper angeleitet zu sich finden zu können und nicht von einer nicht freundlichen Welt dahingejagt das eigene Begehren verkennen zu müssen. Ruhe und Frieden. Wenn eine nicht mehr wichtig ist, weil die Welt das so beschließt. Da kann eine toben und rasen und sich wichtig machen wollen. Aber. Nach einiger Zeit die Erkenntnis. Diese Vernachlässigung war immer schon. Sie hatte nur diesen jagend-treibenden Charakter. Nach fünfzig. Die Vernachlässigung wird erkennbar als Verachtung. Und vielleicht. Vielleicht wird das. Und wie wünschenswert wäre das. Vielleicht wird diese gemeinsame Erfahrung im Verachtetsein die nächste Grundlage für eine neuerliche Solidarität. Dafür müssen wir zur Kenntnis nehmen, dass wir nicht die Opfer einer hormonellen Veränderung sind, sondern die Opfer einer lebenslangen Irreführung, deren wir nun nicht einmal mehr wert sind. Wir sind nicht mehr verführbar. Das ist es, was uns mit Verachtung zurückgezahlt wird. Aber was für ein himmelschreiend wunderbarer Zustand ist das. Wir sind nicht mehr verführbar. Das heißt, wir sind frei. Und dahin zu kommen, das könnten wir uns wert sein.

Barbara Honigmann, *1949

ÄLTER UND ÄLTER

Schwindende Kräfte, nachlassende Energie und verblühende Schönheit. So ist das.

Und lebenslängliches Abnabeln immer noch von den Eltern, die schon lange tot sind, und immer noch von den Kindern, die schon lange erwachsen sind.

Der Übergang in die neue Lebensphase, für die die Bezeichnung „Wechseljahre" gar nicht so schlecht ist, ein deutlicher Einschnitt, wie die Pubertät, bloß umgekehrt, man weiß nicht recht, was einen erwartet, aber wenigstens hat sich die Migräne verflüchtigt und die schmerzhaften Tage der Monatsregel, die beide mit der Pubertät gekommen sind. Beides kann ich aber nur noch auswendig gelernt erinnern, eigentlich ist es, als ob es nie da war. Ängste jedoch und Traurigkeiten und depressive Tage sind immer geblieben. Keine Nostalgie nach irgendetwas irgendwo, nur Trauer um die, die schon gestorben sind, und Sehnsucht nach ihnen.

Die Zehennägel werden langsam zu Krallen und immer an irgendeiner Stelle des Körpers ein Schmerz, der blöde Spruch, wenn du eines Morgens aufwachst, und es tut dir nirgends weh – dann weißt du, dass du tot bist. Der Tod, der näher rückt und Angst macht, genau wie die Vorstellung, bis 100 durchhalten zu müssen. Ich versuche, mir meine Mutter in meinem jeweiligen Alter zu vergegenwärtigen, sie wurde mit 66 zum ersten Mal Großmutter. Ich wurde schon mit 55 zum ersten Mal Großmutter und dann noch fünf weitere Male, und als mir meine Enkelkinder zu meinem 68. Geburtstag ein „Magazin" gebastelt, geschrieben, illustriert haben, mit dem Titel *68 Jahre Oma*, verstanden sie nicht, was ich daran so komisch fände, dass ich ja schon ein ganzes Leben hinter mir habe und sogar auch einmal ein Kind, eine Jugendliche, eine junge Frau und Mutter war und nicht seit 68 Jahren Oma. Es rührt mich unendlich, wenn sie Oma, Omi, Omsi zu mir sagen, als ob es das Natürlichste von der Welt wäre. Ich hatte keine Großeltern, ich kannte das nicht.

Und dann 70. Die 7 ist ein Schock. Im Spiegel kann ich mich manchmal nur noch schwer erkennen. Nicht, dass ich mich je für schön gehalten hätte, ich weiß aber, dass ich früher jedenfalls ein bestimmter Typ hübsches Mädchen und dann hübsche Frau war, wenn auch nicht nach der Norm, irgendetwas zwischen hübsch und schön, mein Vater nannte es „apart", wenn er mich nicht gerade liebevoll „Zwerg Nase auf krummen Judenbeinchen" nannte. Man hielt mich mein Leben lang für eine Türkin, das hat sich nicht geändert, gerade neulich in der Tram fragte mich der Mann gegenüber, wieder einmal, ob ich Türkin wäre, um längere Erklärungen zu vermeiden wich ich auf Israelin aus, er käme aus Benin, sagte er und wirkte glücklich, als ich wusste, wo das liegt, neben Togo und Ghana.

Eine letzte schwarze Strähne in meinem Haar weigert sich, grau zu werden.

Früher habe ich verwelkte Blumen ohne jede Anteilnahme in den Mülleimer geworfen, aber nun habe ich Mitleid mit ihnen und besonders mit den Blüten des Kaktus, dessen Namen ich nicht kenne und der nur einmal im Jahr, im Winter, in kräftigem Violett blüht, strahlend, geradezu ausschweifend. Aber dann verlieren die Blüten irgendwann, noch vor dem eigentlichen Verblühen, ihre innere Spannkraft, es ist nicht die Farbe – immer noch kräftig violett –, die aus den Blüten entweicht, es ist ihre Poesie, die eintrocknet und verfällt und langsam stirbt. Nun finde ich es traurig, das mitanzusehen, dieses Absterben, ich spiegle mich darin.

Manchmal muss ich aus irgendeinem Grund in einem meiner Bücher etwas nachsuchen oder nachlesen oder bin sogar irgendwo mit einem meiner früheren Bücher zur Lesung eingeladen und bin überrascht, denn ich spüre fast keinen Abstand zu diesem Buch, er ist noch ganz mein, dieser Text, er ist mir nicht entfremdet, sondern noch immer nah, da bin ich dann ein bisschen stolz, über all die Jahre diese mittlere Menge Bücher geschrieben und veröffentlicht zu haben, und muss daran denken, wie meine Mutter, als mein erster Sohn noch klein war, ihn manchmal einen Vormittag lang hütete, und dann, wenn sie ihn zurückbrachte, fragte: Na, und hast du was geschafft?, und mich das natürlich furchtbar nervte, aber jetzt denke ich manchmal, nun, ich habe doch irgendetwas geschafft in all den Jahren seitdem, und ich darf jetzt auch erschöpft sein, obwohl ich mir das nur schwer eingestehe, nicht etwa, weil ich mich jung fühlen würde oder Angst vor einer Leere hätte, sondern aus blödem anerzogenem Pflichtgefühl.

Ich besuchte vor vielen Jahren regelmäßig eine alte Freundin meiner Mutter in Moskau, sie hatte 3 Jahre Zuchthaus, 7 Jahre Gulag und 10 Jahre Verbannung hinter sich. Als ich sie kennenlernte, war sie schon fast

70 und Tage und Nächte lang aktiv, nie erschöpft, sie beschämte mich durch ihre nie versiegende Energie, wenn ich nach dem Theater und langem Beieinandersitzen und Diskutieren müde ins Bett fiel, fing sie noch in der Küche an zu kochen. Ich dachte dann, sie ist ein Beispiel für das *Survival of the Fittest*. Sie wurde 100 Jahre alt und konnte am Schluss nicht sterben, obwohl die meisten ihrer Körperfunktionen nicht mehr funktionierten und erlahmt waren, klopfte ihr Herz und klopfte und klopfte und hörte nicht auf zu klopfen, bumm, bumm, bumm.

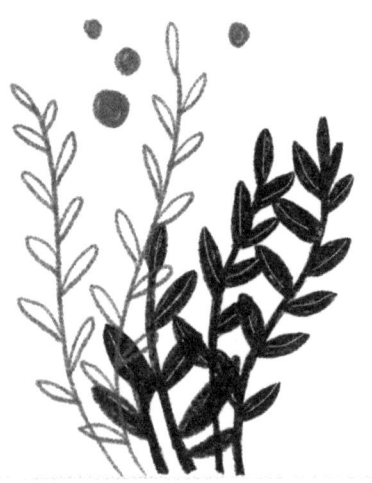

Marianne Gruber, *1944

DIE SCHWERKRAFT DER MEINUNGEN

Der Himmel ist leer. Was sich in seinen Gefilden tummelt, ist sprachlose Maschine. Darunter, auf dem festen Boden, vollzieht sich alter, ererbter Mythos, Griechenlands Männerfantasien. Die Menschheit ist männlichen Geschlechts, die Lebenserwartung hat beinahe Ewigkeitsanspruch. Dreißigtausend Jahre, die erwartete Dauer einer Kulturperiode, stehen zur Verfügung, da braucht es keine Geburt, denn es gibt keinen zu erwartenden Tod und es bedarf keiner Frauen. Sie treten erst später in Erscheinung, Pandora als erste und mit ihr die berüchtigte Büchse, die alle Übel in die Welt schafft. In das Bewusstsein dieser Kultur tritt die Frau als Übel ein, Übel verbreitend. Pandora also, ein hässliches, mit Schuld beladenes Bild.

Das ist lang her, zu lang, um noch Wirkung zu zeigen, könnte man meinen. Und es ist bloß ein Mythos, vergesst es endlich. Aber Mythen fungieren als Welterklärungsmodelle, solang es keine anderen Erklärungen gibt, vor allem, wenn es um die Fragen geht, woher wir kommen, wer wir sind und wohin der Weg führen wird oder soll. Und sie wirken selbst dann noch nach, wenn längst schon andere Erklärungen, vor allem wissenschaftliche, gefunden wurden. Zwischen Neugierverhalten und Bequemlichkeit gewinnt zumeist die Bequemlichkeit und das Immer-schon-Gedachte, -Gesagte. Religionen haben sich dem Thema des Weiblichen angenommen und eine Spaltung der Frau in Hure und Heilige vorangetrieben. Unberührbarkeit auf der einen Seite, Verachtung auf der anderen, so befestigt das Patriarchat seine Vorherrschaft, das die Heilige bewachen muss und an den Himmel rückt, ins Unwirkliche abschiebt, die Hure hingegen für den Missbrauch freigibt. Gewalt gegen Frauen wurde so legitimiert.

Konsequenterweise geschieht das über die Sexualität, wer über sie in unsere Wunschproduktionen eingreift, kann kontrollieren und Macht ausüben. Sexualität gehörte in erster Linie den Männern. Wurde sie von Frauen beansprucht, führte das zu kuriosen „Einsichten" und Bildern. Vom männermordenden Vamp, der den Herren das Rückenmark aussaugt, war bis über die Mitte des 20. Jahrhunderts hinaus noch zu hören: Der Film „Die Bienenkönigin" mit Ugo Tognazzi in der Hauptrolle, 1963 erschienen, gut gespielt und heftig akklamiert, zeigte einen von seiner jungen, sexuell sehr aktiven Frau fast zerstörten Tognazzi.

Mit fünf Jahren wollte ich unbedingt ein Bub werden. „Inspiriert" von einer Radiosendung über Operationen zur Geschlechtsumwandlung (1949!) wanderte ich zu unserem Hausarzt. Da ich als Kind oft krank war, war er für mich der Onkel Doktor und sehr vertraut. Er hatte seine Ordination im Nachbarhaus und wunderte sich daher nicht, mich allein im Wartezimmer vorzufinden – die Eltern würden wohl nachkommen. Ich trug ihm nach langem Warten meinen Wunsch vor. Er reagierte etwas betroffen, wie er mir Jahre später erzählte, als ich Medizin zu studieren begann. Er habe an Identitätskrise gedacht, an Penisneid, wie Freud es nannte, andere Probleme, die sich derart maskiert ausdrückten, und vorsichtig nachgefragt, warum ich das wünschte. Meine Antworten hätten ihn beruhigt. Zusammengefasst sagte ich in etwa, dass alles, was mir Spaß machte, Buben durften und Mädchen verboten war, dass die Buben vieles nicht tun müssten, was Mädchen abverlangt wurde, dass ich Sonntagskleider nicht mochte, weil man sich in ihnen nicht viel bewegen durfte und still zu sitzen langweilig war, und und und ...

Es gelang dem Hausarzt, mir diesen Wunsch auszureden. Nicht mit dem Hinweis auf einen langen Spitalsaufenthalt oder auf Schmerzen nach der Operation, das war alles für den neuen Status in Kauf zu nehmen, sondern mit dem Hinweis auf die Kosten. Angeblich soll ich gesagt haben: „Oje, wir sind arme Leute", ihm den mitgebrachten Krankenschein entzogen haben und enttäuscht gegangen sein.

An die Szene in der Ordination habe ich keine Erinnerung, wohl aber an den Wunsch, ein Bub werden zu wollen. Ich war ein sogenannter Wildfang. „Sie ist wie ein Bub", sagte man mir bekümmert nach, was mich mit Stolz erfüllte. Ich machte alles, wofür man Buben lobte oder wenigstens nachsichtig anlächelte, was zu herrlichen Erlebnissen, aber auch nicht ganz ungefährlichen Situationen führte. Fische mit der Hand zu fangen, auf Bäume und Felsen zu klettern, in Hosen herumzulaufen – damals noch eine Herausforderung – war einfach schön. Der Versuch, auf einem Jungstier zu reiten, ging gerade noch glimpflich aus, der Abstieg in den Brunnenschacht (in dem Kübel, mit dem man das Wasser schöpfte) war fast schon über der Grenze.

Offensichtlich hatte ich keine Lust, die „Rolle" eines Mädchens zu spielen. Im Nachhinein könnte man mein Verhalten als unbewusste Rebellion gegen die Wertschätzung des „Stammhalters" interpretieren, dagegen, dass Buben so waren, wie sie waren, mit all ihrem Bewegungsdrang und Neugierverhalten, Mädchen aber erst zu Mädchen „gemacht" werden mussten, und als Rebellion gegen die Abschiebung in eine Unwirklichkeit. Was man von mir verlangte, war mein Nicht-Ich.

Verlassen wir das Feld der Meinungen und Vorurteile, der Voraus-urteile. Es hat lang gedauert, bis der Gesetzgeber das Familienrecht schrittweise veränderte und die Gleichstellung der Frau darin verankerte. Der Prozess dauerte bis in die 1990er Jahre, im Grunde dauert er noch immer an. Die ersten Forderungen wurden von Frauen bereits vor dem Ersten Weltkrieg formuliert, aber erst ab den 1960er Jahren kam es zu ernstzunehmenden Veränderungen.

Als ich heiratete, wollte mir mein Vater einreden, dass ich seine Erlaubnis dazu bräuchte. Es war im Scherz gemeint, zeigte aber, wie tief verankert die alten Vorstellungen waren (und teilweise noch sind), und das, obwohl zu Hause die Mutter die Hosen anhatte, wie man das damals nannte. Durch das Familienrecht wurde vieles vom Diktat des Familienoberhauptes auf die Ebene gemeinsamer Entscheidungen verschoben und das weibliche Selbstbestimmungsrecht gestärkt, eigentlich erst geschaffen. Schmerzlos vollzog sich dieser Prozess nicht. Ein gewaltiges Unterfangen, eine ungeheure Veränderung, eine Zumutung an die Männerwelt. EU-weit sei diese Neuordnung noch nicht einheitlich, wie man mir versicherte, auch haben Zu- und Abwanderung ebenso wie bestimmte politische Ambitionen immer wieder ins Selbstverständnis eingegriffen. Nicht ins Gesetz, aber in dessen emotionale Verarbeitung und daher in den Alltag. Es ist noch nicht lang her, dass von der Verweiblichung der Männer im negativen Sinn gesprochen wurde. Klug und perfide gedacht, denn Meinungen können von der Straße aus Druck auf die Gesetzgebung ausüben. Aber: Wie schön könnte das sein! Ein bisschen weniger Testosteron ... Nebenbei: Was den Penisneid betrifft, so habe ich ihn nie verstanden. Wie kann man auf den Besitz eines Organs neidisch sein, wenn dieser nichts als Kastrationsängste beschert? Auch die Psychologie hatte während dieses Emanzipationsprozesses einiges zu lernen, selbst die Medizin, um die Entfernung zwischen Gesetz und Meinungen zu überbrücken. Warum gibt es keine Schispringerinnen?, fragten wir einmal, zirka 1960, unsere Turnprofessorin. Weil das der Gebärmutter schade, lautete die Antwort.

Wieder zurück zu den Meinungen. Meine Großmutter väterlicherseits, Jahrgang 1883, definierte einen anständigen Mann als einen, der nicht säuft, das Wirtschaftsgeld nicht verspielt, Frau und Kinder nicht schlägt. Das sagt einiges über die Frauensituation aus, in der sie aufwuchs, auch über das Männerbild, das die Frauen jenseits der privilegierten Schichten entwickelt hatten und das weit entfernt von der Gartenlauben-Literatur dieser Zeit war. Eine Portion Verachtung der Männerwelt war nicht zu überhören. Kein Prinz, den man noch dazu erwecken konnte. Und Liebe, Zärtlichkeit, Achtung? Vergessen wir das.

An die Großmutter zu denken liegt insofern nahe, als sie zu jener Generation gehörte, die zum ersten Mal Veränderungen des Familienrechts in der 1. Republik forderte und Vorschläge dazu ausarbeitete. Für meine Großmutter kam jede Änderung zu spät. Ihr Vater verbot ihr, den Mann zu heiraten, von dem sie ein Kind erwartete, weil er kein Beamter war, und setzte sich damit durch. Er zwang sie, das Kind wegzugeben und setzte sich auch damit durch. Dass das Kind dennoch nach seinem zweiten Lebensjahr bei meiner Großmutter aufwuchs, verdankte sich vielleicht ihren Tränen. Ihr Vater holte den Buben aus dem Waisenhaus. Nicht die Mutter konnte das tun, es musste das Familienoberhaupt sein.

Dass sich die Großmutter dem Diktat unterwarf, hatte mit einem dritten Eingriff ihres Vaters in ihr Leben zu tun. Jahre zuvor hatte er ihr mit den Satz „Das kannst du nicht" verboten, ein kleines Geschäft aufzumachen, eine niederdrückende Behauptung. Das kannst du nicht und daher darfst du es nicht, auch nicht einmal versuchen. Ja, sie konnte nicht. Sie war arbeitslos und ohne andere Erwerbsmöglichkeit. Unvorstellbar heute, aber nicht überall auf der Welt, wenn man unter anderem an das chinesische Sprichwort denkt, dass Mädchen die Maden im Getreide seien.

Nicht alles, aber doch vieles hat sich durch die Gesetzgebung auf dem Gebiet der Meinungen verändert. Eine neue Generation ist herangewachsen und noch einmal eine neue, beide können zum Teil nicht mehr nachvollziehen, was Frauen meines Alters erzählen, vor allem nicht, dass eingeklagt werden musste, was eingeklagt wurde. Diese Generationen kämpfen mit anderem: mit neuen Rollen und deren Verständnis, mit dem Zustand der Welt insgesamt. Was ist die Rolle des Mannes, die Rolle der Frau? Den Helden gibt es nicht mehr, aber der Mythos ist zu stark, viel zu tief verankert, um aus den Rollenbildern zu verschwinden. Hollywoods Filme verherrlichen ihn noch immer, der männliche Alltag bietet jedoch keine Chance, diesem Bild gerecht zu werden. Die Schmerzenreiche oder Hingebungsvolle hat sich überall dort verabschiedet, wo Religion nicht mehr von besonderer Bedeutung ist. Bleibt als neue „Rolle" die des Partners, der Partnerin, wenn wir den Blick beschränken und nicht die Welt insgesamt betrachten.

In „Rollen" geht es schlicht um die Definition der Funktionen innerhalb einer Gesellschaft. Sie sollen ein Gemeinwesen zusammenhalten, wobei nicht jede Funktion im Verhältnis zu anderen als gleichwertig erachtet wird. Sie wird bewertet und für diese Bewertung gibt es eine Maßeinheit: Geld. In unserer Welt ist das Tauschmittel Geld eine Maßeinheit für Wertschätzung, Anerkennung, Bewunderung oder Missachtung und damit ein reiches Feld für Meinungen. Was die Gesetzgebung betrifft, wurde getan, was man tun konnte. In zahlreichen Berufen ist die Entlohnung von Frauen und Männern gleich, in der sogenannten freien Wirtschaft ist der Unterschied enorm, auch in Führungspositionen, falls dort Frauen zu finden sind. „Positive Diskriminierung" nannte Johanna Dohnal die Bevorzugung von Frauen bei gleicher Qualifikation, was nicht immer hilfreich war. Was sie anstrebte war klar, was die Meinungen anlangte blieb vor allem die Bedeutung des Wortes

„Diskriminierung" haften und zog wenig charmante Kommentare nach sich. „Da kommt ein Mann ja nie mehr hinein", höre ich in der Erinnerung einen Kollegen sagen. Oder voll unverhohlener Missachtung: „Wir mussten eine Frau nehmen, weil es der Gesetzgeber verlangt." Im Hintergrund schwang mit: Sie ist nicht gut, kann es nicht sein.

Frausein ist keine Qualifikation, was richtig ist, wenn man ergänzt, daß Mannsein ebenfalls keine Qualifikation darstellt. Wohlmeinendere Kommentare stellten fest, dass sich Frauen in der Regel schlechter „verkaufen". Möglich. Hier wirkt vielleicht noch die Mahnung nach, Mädchen und Frauen sollten bescheiden sein. Bescheidenheit galt als weibliches „Gütezeichen", zu der mich meine alte Großmutter ermahnte und durch Schlausein ergänzte, ein Rat, der wiederum Vorurteile provozierte. Für meine Großmutter war Schlauheit eine Überlebensstrategie. „Wenn du zu viel verlangst, bekommst du am Ende gar nichts", meinte sie. Weibliche Leistung war in ihrer Welt selbstverständlich und musste weder entsprechend entlohnt noch geschätzt, auch nicht genannt werden. Genau deshalb ist das Verlangen, Mann und Frau zu benennen noch immer ein Streitthema, wobei übersehen wird, dass sich diese Form der Gleichstellung in der Benennung an der

Geschlechtlichkeit orientiert. Aber anders geht es nicht, sagte Johanna Dohnal in einer Diskussionsrunde. Ihr ging es um die Verankerung weiblicher Sichtbarkeit.

Noch einmal zu den Meinungen, die ein gerütteltes Quantum Stammtischmentalität in sich beherbergen und Teile unserer lang zurückliegenden Geschichte, alles das, was wir waren, bevor wir waren, Dinge, die missverstanden, von den unterschiedlichsten Strebungen und Vorurteilen herangebildet und deshalb so schwer zu verändern sind.

Meinungen sind infektiös, umso infektiöser, je stärker sie emotional beladen wurden. Es ist nun einmal leichter, Gefühle zu etablieren als Gedanken. Diese Infektionen sind nicht immer nur schädlich, wenn man an gesellschaftliche Ränder stößt oder kulturelle Unterschiede wahrnimmt, denn sie können nach allen Richtungen hin wirken und – leider mehr theoretisch als praktisch – Meinungen modifizieren. Das ist anstrengend und mit ein Grund, dass man „standhaft" bei seiner Meinung bleibt. Je emotional beladener, desto undemokratischer sind sie, wenn zur Demokratie unabdingbar Gespräch und Diskussion gehören. Derzeit erleben wir weltweit eine Renaissance von Meinungen, die Anzahl der Demokratien hat hingegen abgenommen. Das hängt auch damit zusammen, dass der emotionale Gehalt von Meinungen, das Lieblingsspielzeug von Populisten, so tief verankert ist, dass er sich der sprachlichen Reflexion entzieht und maskiert auftritt. Würde man unter intelligenten Menschen eine Umfrage veranstalten, welchen denunziatorischen Behauptungen über Frauen sie zustimmen können, würden die Antworten wahrscheinlich eine Mehrheit von Ablehnung ergeben, aber etwas im Inneren würde bei vielen zustimmen.

Die Schwerkraft der Meinungen beeinflusst alle Lebensbereiche und daher selbstverständlich auch die Sicht auf das Alter. Es ist ein seltsames Gemisch, aus dem sie entsteht: dass das Erfahrungswissen, das Wissen, das man erwirbt, indem man lebt, in manchen Bereichen rasch veraltet; dass man in etlichen Bereichen nicht mehr mitkann; dass die Ökonomisierung des Denkens keine Empathie kennt und daher keine Antwort auf die Frage findet, worin Nutzen und Zweck des Alters liege; dass die Alten den Jungen den Platz verstellen (eine in diesem Punkt vergleichbare Situation mit der 68er-Revolte); dazu das, was man Jugendwahn nennen kann, unter dem die Jungen in absehbarer Zeit selbst leiden werden. Dieses Gemisch führt dazu, dass Einwände immer öfter nicht gehört werden und die Kluft zwischen den Generationen zunimmt. Das betrifft Frauen und

Männer, Frauen allerdings aus „traditionellen Gründen" deutlicher.

Es hat sich viel geändert, wir sind gleichberechtigt. Sind wir auch gleichgestellt in den Meinungen über uns? Wer sich in den sozialen Medien bewegt, muss das anzweifeln. Und nun? „Dass etwas ganz und gar möglich erscheint", meinte meine Großmutter einmal, „ist kein Grund aufzugeben."

Barbara Frischmuth, *1941

FÜR SCHRIFT- STELLER GIBT ES KEINE PENSION

Mut zu haben ist selten angeboren, meist muss man ihn sich erarbeiten. Auch der Feminismus hat viele Gesichter, ein widerständiges, das etwas erreichen möchte, ein extremes, geradezu aggressives, bei dem vor allem Aufmerksamkeit für die eigene Person gefordert wird, ein weiteres, das sich um die Nachhaltigkeit erreichter Ziele bemüht und Alarm meldet, wenn weitere Ziele vernachlässigt werden, aber auch eines, das vergisst, dass Freiheit vor allem Verantwortung bedeutet.

Das wurde auch mir erst richtig klar, als ich ab dem vierten Lebensjahr meines Sohnes Alleinerzieherin wurde. Und das zu einer Zeit, in der man sich als Frau bereits scheiden lassen konnte, ohne als Schuldige gebrandmarkt zu werden. Durchaus ein von der Generation davor erreichtes Ziel, das aber noch nicht zur Gänze ausgearbeitet war und ist. Ich denke dabei vor allem an die Betreuung von Kindern, deren Mütter arbeiten müssen, und das nicht nur in Teilzeit. Es gibt noch zu wenige Ganztagskindergärten und Ganztagsschulen und zu viele Alleinerzieherinnen in prekärer finanzieller Situation.

Bei all der Liebe zu und der Besorgtheit für mein Kind war es eine schwierige Zeit. Dazu kam noch, dass ich mich Jahre davor schon entschlossen hatte, meine Anstellung als wissenschaftliche Hilfskraft an der Universität Wien aufzugeben und als freischaffende Schriftstellerin zu leben – und das tue ich heute noch.

Es mangelte immer wieder an Geld, an Zeit fürs Schreiben und an Unterstützung. Wenn ich beruflich, das heißt für Lesungen in anderen Ländern, unterwegs war, kam meine Mutter, die damals in Saalfelden lebte, zu mir nach Wien, um meinen Sohn zu betreuen, aber nur so lange, bis ich wieder da war. Schließlich hatte sie auch andere Enkel. Als mein Sohn dann in die Schule kam, weigerte er sich, weiterhin nachmittags im Kindergarten zu bleiben und dort zu essen. Also fing ich an, auch mittags zu kochen, besser gesagt, wir fingen an zu kochen und dabei zu experimentieren.

So merkwürdig es klingen mag, aber ich hatte seinerzeit in der Klosterschule etwas gelernt, das mir als Alleinerzieherin zugutekam, nämlich mir den Tag einzuteilen. Das hat zwar nicht immer funktioniert, aber im Großen und Ganzen sehr wohl.

Als mein Sohn flügge geworden war, änderte sich nach und nach mein Leben. Ich hatte zu rauchen aufgehört, war wieder verheiratet, pendelte zwischen Wien, Altaussee und München, wo mein Mann arbeitete. Mitte der 1990er zog ich dann ganz nach Altaussee, meinen Geburtsort, was ich bis heute nicht bereut habe.

Die Menopause war eine Erleichterung, mein Sohn war und blieb ein Wiener, und ich hatte jede Zeit der Welt zu schreiben und einen Garten anzulegen. Es war genau das, was ich mir gewünscht hatte, was nicht bedeutet, dass dann auch alles so lief, wie ich es mir gewünscht hatte. Mir wurde bewusst, dass ich nach meinem Wohnsitzwechsel auch auf einiges verzichten musste, wie regelmäßige Treffen mit Freunden, Premierenkinos und große Konzerte zum Beispiel. Dennoch war ich weiterhin viel unterwegs mit Lesungen in Indien, Marokko, Japan, China, Ägypten, England, Kanada und vor allem in der Türkei und den USA.

Dass mir mittlerweile die Langfliegerei zu stressig geworden ist, hat mit meinem Alter zu tun, was nicht heißt, dass ich das Reisen überhaupt aufgegeben hätte. Ich lese eben nur noch dort, wo ich mit dem Zug hinkomme.

Zum Glück ist es mir erspart geblieben, mich von meinem Beruf verabschieden zu müssen – also in Pension zu gehen. Für Schriftsteller, zumindest die meisten, die ich kenne, gibt es keine Pension, solange man Ideen hat und das Hirn es zulässt. Aber für meinen Mann und viele unserer Freunde ist es schwierig gewesen, sich von ihrem Beruf zu trennen.

Dass Frauen sich noch immer – und das meist zu Recht – benachteiligt fühlen, hat verschiedene Gründe. Der offensichtlichste ist wohl der, dass in vielen Schichten, von prekär bis Mittelstand, die Arbeit von Frauen geringer bezahlt wird als die von Männern. Ein anderer Grund ist die Nutzung von Emotionen. Frauen, die Mütter werden, gelten als diejenigen, die von Natur aus mit ihren Kindern näher verbunden sind (schließlich haben sie diese ja monatelang in sich getragen), als Männer es je sein könnten. Das mag stimmen, solange sie stillen, doch ansonsten hängt das *Händchen für Kinder* eher mit Empathiefähigkeit zusammen. Ich kenne mittlerweile genügend Männer, die eine ebenso große, manchmal sogar eine noch größere Sorgsamkeit und Zuneigung zu ihrem Nachwuchs zeigen als Frauen. Dass sie dennoch diejenigen sind, die hart arbeiten, damit es ihrer Familie gut geht, hat, wie schon bemerkt, mit den besseren Löhnen zu tun.

Dass Frauen, die in Pension gehen, meist nahtlos in den Oma-Beruf wechseln, ist naheliegend und wird auch als Verpflichtung gesehen. Was wiederum eine Einschränkung bedeutet, trotz aller Liebe, die da mit im Spiel ist. Aber auch das sind meist Frauen, die nur eine kleine Pension erhalten, sich wenig leisten können und daher auf die ihnen zugewiesene Arbeit im Familienhaushalt eingehen. Soweit, so bekannt. Dazu kommt die Pflegearbeit für erkrankte Familienmitglieder, vor allem den Mann oder den Partner. Es gibt nur wenige Männer – doch es gibt sie –, die ihre schwer erkrankten Frauen tatsächlich so pflegen, wie eine Frau es mit ihrem Mann tun würde.

Dass Frauen mittlerweile – zumindest seit der Zeit, in der ich lebe – wesentlich mehr zugetraut wird als früher, ist eine Tatsache, die aber näher untersucht werden muss. Fangen wir also bei den zwei Weltkriegen im 20. Jahrhundert an. Meine Großmutter hatte, nachdem mein Großvater an der Spanischen Grippe gestorben und ihr ältester Sohn noch nicht alt genug war, die Fleischhauerei als leitende Kraft weiterbetrieben. Sie war auch eine der ersten Frauen, die in Bad Aussee im Konsumverein als Kassierin gearbeitet hatte. Und meine Mutter führte das Hotel, nachdem mein Vater 1943 gefallen war, ebenfalls weiter. Es gab damals viele ähnliche Fälle.

In Krisen, Kriegen und anderen Katastrophen waren Frauen immer gefragt und hatten die Chance, ihre Fähigkeiten zu beweisen. Nicht, dass ihnen das Leben dabei leichter gefallen wäre, aber immerhin hinterließen sie allenthalben Spuren. Für mich bedeutete das von Anfang an, dass man auch als Frau *seinen Mann* stehen konnte.

Was ich aber bei alternden Frauen immer wieder entdecke, ist, dass diejenigen, die als junge schon nie aufgegeben haben, auch in der Pension, selbst wenn die nicht so groß ist, zielstrebig durchziehen, wofür sie, solange sie angestellt waren, keine Zeit hatten.

Ich kenne da eine Frau (sie war Lehrerin) um die siebzig, die mit ihrem Moped zu jeder halbwegs interessanten Veranstaltung kommt und mindestens ein- bis zweimal im Monat mit dem Zug nach Graz fährt, um in die Oper zu gehen. Die meisten Menschen ihrer Umgebung kennen sie, reden und tauschen Witze mit ihr. Ihre Kleidung ist eher leger, für Schminke hat sie sich wohl nie interessiert, dafür weiß sie über vieles Bescheid. Eine Frau mit Charakter, die ihre Affinität zu Musik, Literatur und Kunst auslebt. So gesehen, ist Einsamkeit ein Fremdwort für sie.

Mich begeistern alte Frauen, die durch ihre Kumpelhaftigkeit den Männern keine Chance geben, sie zu ignorieren, wobei die Augenhöhe von den Frauen ausgeht und nicht von den Männern erbeten werden muss.

Frauen, die am lebendigsten alt werden, sind meist nicht diejenigen, von denen es heißt, sie sähen noch immer so gut aus, sondern eher die, die noch immer an vielem interessiert sind und gar nicht erwarten, dass man sie nach ihrem Aussehen beurteilt.

Es ist wohl ein Geschenk der Gene und der Vererbung, wenn jemand auch noch im Alter als besonders gut aussehend empfunden wird, aber verlassen sollte man sich nicht darauf. Sympathie geht ihren eigenen Weg. Und auf Sympathie setzen wir alle, auf die, die von anderen ausgestrahlt wird, und auf die, die von uns selbst ausgeht.

Je älter man wird, desto wichtiger sind freundschaftliche Beziehungen. Vor allem dann, wenn man Witwe geworden ist, die Kinder und Kindeskinder nicht am selben Ort oder gar auf einem anderen Kontinent leben, und man plötzlich dasteht und das Gefühl von einem Besitz ergreift, man schaffe es höchstens noch vor den Fernseher.

Dass Frauen ihr Selbstbewusstsein oft verlieren, wenn sie sich nicht mehr als gutaussehend empfinden, hat wohl auch damit zu tun, dass ihre Männer Lust auf *Frischfleisch* hatten und sich scheiden ließen, um eine jüngere Frau zu heiraten. Und das wird sich auch nicht ändern, solange Frauen selbst daran glauben, dass ihr Gesicht, ihre Figur, ihr Sexy-Sein, und nicht ihr Verhalten, ihr Wert, ihre Liebesfähigkeit und ihre Intelligenz sie ausmachen.

Scheidungen dieser Art können aber auch Freiheit bedeuten. Man kann sein Leben neu gestalten, einen Freundeskreis finden, Dinge tun, für die man nie die Zeit oder den Mut hatte. Ruth Klüger, die ich vor Jahren kennenlernte und die mich auch in Altaussee besucht hat, sagte mir öfter, die 80er seien die besten Jahre, das könne ich ihr glauben. Ein paar Jahre davor war sie von einem Radfahrer niedergefahren worden und man erkannte erst während ihres Aufenthalts im Krankenhaus, dass sie am Herzen operiert werden musste.

Seither, sagte sie, fühle sie sich so viel besser und unternehmungslustiger. Man konnte es ihr auch ansehen. Als ich sie zum letzten Mal traf, trug sie eine geradezu verwegene Frisur, die bestens zu ihr passte, und als ich ihr das sagte, lächelte sie beinah kokett.

Dass einem als Frau in älteren Jahren nicht mehr viel zugetraut wird, stimmt einerseits, andererseits gibt es gar nicht so wenige Frauen, die erst aufblühen, wenn sie ihre Pflichten als Mutter, Ehefrau, Pflegeperson losgeworden sind und mit alten und neuen Freunden das tun können, wofür sie sich immer schon interessierten, aber nie Zeit dafür gefunden hatten, geschweige denn von Familienmitgliedern dabei unterstützt worden wären.

Ich will keinesfalls die Familie an sich als Hindernis für ältere Frauen darstellen, aber manchmal funktionieren Familien nicht so, wie man es sich wünschen würde. Den eingefahrenen Verteilungen von Arbeit, Freizeit, Wunscherfüllung usw. ist oft nicht zu entkommen, und das führt zu immer mehr Streit, ja geradezu Bitterkeit und dem Gefühl, etwas, das heißt das Leben selbst, versäumt zu haben.

Den Mut aufzubringen, sein späteres Leben zu verändern, sich neu aufzustellen und mit seinen höchst eigenen Wünschen zu konfrontieren, schafft man wahrscheinlich nur, wenn man ziemlich genau weiß, was man mit diesem neuen Leben anfangen will, und – nicht zu unterschätzen – auch die Mittel dafür hat oder sie sich zu verschaffen weiß.

Nicht von ungefähr hat meine Mutter mir immer erklärt, ich müsse selbstständig werden und darauf achten, dass ich nie von einem Mann abhängig wäre, auch wenn ich ihn wirklich gern hätte. Und das bereits in den 1950er Jahren. Es war eine der wenigen Vorstellungen vom Leben, die ich mit ihr teilte. Streng, wie sie sein konnte, versprach sie, mich trotz häufigen Geldmangels beim Gymnasium und Studium zu unterstützen. Aber sitzenbleiben geht nicht, fügte sie jedes Mal hinzu, das können wir uns nicht leisten.

Sie selbst wäre, wie sie mir einmal erzählte, ja gerne Archäologin geworden, aber für ihre Mutter sei das nicht in Frage gekommen, und so wurde sie mit nicht einmal neunzehn verheiratet. Was ich so deute, dass meine Großmutter, die sich zwar als Frau nicht nur des Krieges wegen durchsetzen konnte, es dennoch für besser hielt, ihre Tochter samt entsprechender Mitgift als Hoteliersgattin an die Familie ihres Mannes zu vergeben, anstatt sie studieren zu lassen.

Dabei gab es in der Familie meines Vaters bereits eine sogenannte Studierte, die ihr Doktorat in Volkskunde und Geographie gemacht hatte und nebenbei Gedichte und Märchen schrieb. Doch als sie dann nach dem Krieg keinen entsprechenden Job fand, flüchtete sie zuerst – und das ziemlich erfolglos – in die Gastronomie und danach in die Aufgaben einer Ehefrau und Mutter, die vier Kinder gebar. Sie war meine Patentante und ihr verdankte ich das Wissen, dass man auch als Frau Bücher schreiben kann. Ich fing dann bereits im Volksschulalter damit an und wollte unbedingt Schriftstellerin werden. Auch in der Klosterschule schrieb ich und ließ das auch meine Mutter wissen. Schon gut, meinte sie, aber das hat ja noch Zeit. Schau lieber, dass du die Matura hinkriegst.

Nach der Matura war mir klar, dass ich, um als Schriftstellerin wahrgenommen zu werden, erst einmal etwas schreiben musste, das gut genug war. Noch traute ich meinen Texten nicht. Ich studierte in Graz, Erzurum und Debrecen Türkisch und Ungarisch und danach in Wien Orientalistik. Übersetzen war eine gute Schule, man erkennt dabei, dass Sprache nicht nur anders gesprochen, sondern auch anders strukturiert werden kann. Dennoch wollte ich in erster Linie Schriftstellerin sein. Ich hätte auch gerne, wie meine Tante, eine

Dissertation geschrieben, nämlich über moderne türkische Literatur, doch die Bedingungen ließen es nicht zu. Wir waren nur drei bis vier Studierende in diesem Fach und mir wurde bewusst, dass das eine langwierige Geschichte werden würde. Noch dazu hatte man mir angeboten, für ein Jahr zur Feldforschung nach Albanien zu gehen, was bedeutet hätte, blitzartig eine weitere Sprache zu erlernen. Ich entschied anders und verließ die Universität, nachdem ich auch noch krank geworden war. Meist im Bett übersetzte ich für Rowohlt das KZ-Tagebuch einer ungarisch-siebenbürgischen Jüdin, die Auschwitz überlebt hatte, und als ich damit fertig war, begann ich an „Die Klosterschule" zu arbeiten.

Heute sehe ich diese Entscheidung als einen *Ritt über den Bodensee*. Ich hatte mich nicht nur dem Studium entzogen, sondern auch als wissenschaftliche Hilfskraft gekündigt und gab mir zwei Jahre. Wenn ich bis dahin nicht als freischaffende Schriftstellerin leben können sollte, würde ich mir etwas anderes einfallen lassen müssen, aber probieren wollte ich es auf jeden Fall. Ich hatte Glück und bin bis heute freischaffend geblieben.

Dass man mir auch als einigermaßen bekannte Schriftstellerin so manches nicht zutraute, habe ich mehrmals erlebt.

Als die weiblichen Mitarbeiterinnen der Germanistik an der Universität München mich für die Poetik-Vorlesung 1991 vorschlugen und ich mit Freude zustimmte, lud mich der Professor und Inhaber des Lehrstuhls ein. Wir waren allein in seinem Büro, und nachdem er mich höflich begrüßt hatte, fragte er mich, ob ich mir diese renommierte Poetik-Vorlesung denn überhaupt zutraue.

Ich hielt kurz den Atem an und sagte, dass ich deshalb ja hier sei. Und dann fragte ich ihn, ob er schon eines meiner Bücher gelesen habe. Er schien ein wenig irritiert zu sein und wechselte zu einem anderen Thema.

Als ich Monate später meine ersten zwei Vorträge gehalten hatte, entschuldigte er sich bei mir. Nachdem ich alle sechs Vorträge gehalten hatte, lud er mich zu einem privaten Gespräch ein. Wir unterhielten uns lange über Literatur und wie sie sich weiterentwickle, aber auch darüber, woran ich zur Zeit arbeite. Auch schrieb er ein interessantes Nachwort, als die Vorträge als Buch erschienen. Leider ist er vor einigen Jahren verstorben. Requiescat in pace!

Natürlich war ich erst ein wenig verschreckt und danach wütend, als der Professor mir die Poetik-Vorlesung nicht zutraute. Aber das hat mich erst recht dazu gebracht, ihm zu zeigen, dass ich es konnte. Was ich aber schon länger wusste, war, dass man eine Chance, so etwas wie eine Poetik-Vorlesung halten zu dürfen, auf jeden Fall nützen musste, schon um den Stellenwert von Frauen weiter auszubauen.

Was einem als Frau in älteren Jahren aber kaum mehr zugetraut wird, ist Diversität. Der Literaturbetrieb arbeitet mit Schubladen und verkauft am liebsten Marken. Ich kenne Kinderbuchautorinnen, die auch Romane geschrieben haben, die, wie gut sie auch sein mochten, nicht anerkannt wurden, nach dem Spruch: „Schuster, bleib bei deinem Leisten." Oder: „Du musst dir einen Stil zulegen, der jederzeit erkennbar ist."

Als ich anfing, literarische Gartenbücher zu schreiben, hieß es in der Branche: „Die kannst du vergessen, die schreibt doch *nur* noch Gartenbücher." Wie mir eine Jurorin, die ich zufällig kennengelernt hatte, sozusagen steckte, hätte ich einen ziemlich bekannten Literaturpreis eben deswegen nicht bekommen, weil zwei Juror:innen sich nicht vorstellen wollten, dass man beides können kann.

Aber ja, ich schreibe Erzählungen, Romane, neuerdings auch wieder Gedichte, habe Kinder- und Jugendbücher, Hörspiele, Theaterstücke und Essays publiziert. Offensichtlich überfordert das puristische Literaturbewerter.

Ich war immer schon zu Versuchen geneigt. In der Literatur, beim Gärtnern und bei meinen Recherchen über das Leben als solches, aber auch im Hinblick darauf, Natur und Kultur zu verstehen. Die Welt besteht aus Diversität, nicht aus Purismus. Und ich bekenne mich zu ihrer enormen Vielfalt, egal, ob Interessierte meine Gartenbücher lesen wollen, die Erzählungen, Romane, Essays oder die Gedichte. Die Welt ist eine Kugel, die sich dreht und dreht und dreht, und keine Scheibe, die naturgemäß beschränkt ist.

Renate Welsh, *1937

VERWURLT

Ungefähr vier Jahre war er alt, saß mir gegenüber in der U3 und starrte mich mit diesem Vogelblick an, der schwer auszuhalten ist. Zuckte nicht ein einziges Mal mit der Wimper. Seine Mutter war in ihr Tablet vertieft, reagierte nicht, als er sie anstupste. Meine Nase begann zu kribbeln.

„Du hast ein ganz verwurltes Gesicht", sagte er. „Wie meine Oma. Aber die ist eh drei Tage schon tot."

Ich habe auch im Nachhinein keine Ahnung, wieso ich verstand, dass seine Bemerkung durchaus freundlich gemeint war, in dem „Eh" lag eine Art Bestätigung, dass ich lebte.

Beim nächsten Halt stiegen die beiden aus.

Verwurlt. Wie war er auf dieses Wort gekommen? *Verwordakelt* fiel mir ein, aber das war wohl eines von den ausgestorbenen Wörtern oder zumindest auf der roten Liste, von meinem Großvater hatte ich es zum letzten Mal gehört, der vor mehr als sechzig Jahren gestorben war. Schräg, verworren, verheddert. Ein Bild von grauweißen, einander umschlängelnden Maden schob sich vor meine Augen. Ich drückte es mit beiden Daumen weg.

Natürlich war es ein krasser Widerspruch, dass die „eh drei Tage schon tote Oma" tröstlich sein sollte, aber das war sie, während Bemerkungen wie „für Ihr Alter sind Sie …" herablassend und eine Kränkung, wenn nicht sogar eine Beleidigung waren.

„Für Ihr Alter." Ich war nicht mein Alter, war nie mein Alter gewesen. Als ich jung war, war Jungsein keine Qualität, es war ein Zustand, den ich so schnell wie möglich hinter mich bringen wollte. Nichts freute mich mehr, als für älter gehalten zu werden. An meinem zweiundzwanzigsten Geburtstag dröhnte es mir von morgens bis abends durch den Kopf: *I am twenty-two and have done nothing yet for the world.* Ich war überzeugt, dass ich ebenso wie meine Mutter und die Mutter ihres Vaters mit achtundzwanzig sterben würde. Dass ich drei Söhne bekam, obwohl sie nach meiner Rechnung ebenso mutterlos und unglücklich aufwachsen würden müssen wie ich, ist wieder ein Beweis meiner umwerfenden Logik.

Logische Zusammenhänge, folgerichtige Entwicklungen, ein Ordnungsprinzip mit Anspruch auf einen erweiterten Gültigkeits- oder Anwendungsbereich kann ich immer weniger erkennen, Ausnahmen sind die Regel. Jeder Irrweg hat mir eine blutige Nase eingebracht, aber auch oft das Gefühl, etwas dazugelernt, dazugeahnt zu haben. Sicher ist nur, dass ich immer und immer wieder Menschen enttäuscht habe, ihnen etwas schuldig geblieben bin, und zwar gerade weil meine Ansprüche an mich – mehr noch als an die anderen – viel zu groß waren.

Autoritätshörig und rebellisch zugleich, stolz auf den eigenen Verstand und widersprüchlichen Gefühlen ausgeliefert hätte ich alles dafür gegeben, irgendwo dazuzugehören, allerdings ohne in Wirklichkeit etwas dafür zu tun. Objektiv gesehen war ich überfordert mit drei kleinen Kindern, Arbeit im Büro, Übersetzungen, einem Haushalt, der natürlich alles, nur nicht perfekt war, und ständigem Geldmangel.

An einem Mittwochabend läutete das Telefon und eine mir unbekannte Stimme kündigte ihren Besuch für Samstagnachmittag um vier an. Im Laufe der Nacht verdichtete sich die absurde Ahnung, das wäre der Tod gewesen. Was konnte ich meinen Söhnen sagen, das ihnen später helfen würde? Wie sie vorbereiten? An den zwei Tagen, die noch blieben, putzte ich die Küchenschränke, sortierte Spagatreste, Gummibänder und Knöpfe. Zur vereinbarten Zeit schrillte die Türglocke. Das kleine Mädchen aus dem ersten Stock stand vor mir und fragte, ob Georg zum Spielen kommen könne.

Geschrieben hatte ich immer, aber meine Gedichte bald verbrannt, weil mir immer wieder kränkend klar wurde, dass mein völlig neuer Gedanke längst schon gedacht und besser ausgedrückt worden war, dass meine Einsichten nicht nur altbekannt, sondern längst widerlegt waren, und dass meine Intelligenz auch nicht so überragend war, wie ich angenommen hatte. Dafür entdeckte ich, dass mich Dinge aufregten, die viele kaum wahrzunehmen schienen. Langsam entwickelte sich daraus ein Bedürfnis, diesen Dingen nachzugehen, und je mehr ich darüber erfuhr, desto größer wurde mein Unbehagen und steigerte sich bis zur Wut über Ungerechtigkeit und Vorurteile. Ich merkte, wie vielen Vorurteilen ich selbst aufgesessen war, wie viele Privilegien ich selbst unhinterfragt als das mir zustehende Erbteil genossen hatte, während ich doch in vielerlei Hinsicht unglücklich, benachteiligt und von Neid zerfressen gewesen war. Gegen Vorurteile, dachte ich, könnte ich vielleicht anschreiben, mit Geschichten, in denen sich Menschen wiederfinden würden. Und weil man nicht früh genug anfangen kann, sollten es Geschichten für Kinder sein.

So entstanden meine ersten Kinderbücher und ich hatte doppelt und dreifach Glück. Mit Christine Nöstlinger, Mira Lobe, Käthe Recheis und anderen gab es da plötzlich eine Gruppe, die kritische Auseinandersetzung mit der Kinderliteratur erreichte ein neues Niveau und wurde auch zum Ansporn für die Verlage. Die Abende bei Käthe Recheis, wo wir an gemeinsamen Projekten arbeiteten, Texte analysierten, zuletzt oft nicht wussten, von wem welcher Beitrag stammte, waren oft lautstark, meist verraucht, manchmal emotional. Fruchtbar waren sie immer. Natürlich gab es triftige Gründe, daran zu zweifeln, dass wir irgendetwas erreichen könnten, aber auch Bestätigung aus den unerwartetsten Richtungen. Zum Beispiel als „die Jungkommunistin Mira Lobe" – damals, wenn ich nicht irre, fünfundsiebzig – in einem renommierten Wochenmagazin wütend angegriffen wurde, weil sie in ihrem Roman „Die Räuberbraut" Kinder zum Ungehorsam anstifte und damit dafür verantwortlich sei, wenn Kinder bei Rot über die Kreuzung liefen und dadurch zu Tode kämen. Mira sagte damals, sie fühle sich sofort um Jahre verjüngt und wir könnten uns doch ein Beispiel daran nehmen, für wie stark „die anderen" die Macht der Literatur einschätzten. Natürlich gab es auch Meinungsverschiedenheiten, war nicht immer alles harmonisch, aber das Gemeinsame war immer und gerade in Momenten von Uneinigkeit stärker als das Trennende. Es gab nahezu keine Konkurrenz zwischen uns. Wer dich liest, wird vielleicht auch mich lesen, ein Buch führt zum anderen …

Ich weiß nicht, ob es etwas Ähnliches unter den jüngeren Kolleginnen und Kollegen gibt. Schön wäre es.

Die Einsamkeit vor dem weißen Papier oder dem Bildschirm ist nach wie vor schwer zu ertragen und hat eine gefährliche Tendenz, auch in privaten Beziehungen Unheil zu stiften. Dabei spielt gewiss auch eine entscheidende Rolle, dass in der Arbeit am Text alle unsere inneren Widersprüche virulent zu werden drohen und sich gegen uns selbst verbünden. Aus Angst vor dem Versagen müssen wir mehr wollen, als wir können. Spontan und kritisch abwägend zugleich müssen wir unseren Protagonisten nahe sein und doch genau jenen Abstand einhalten, der einen klaren Blick erlaubt. Wahrscheinlich stehen wir uns selbst im Weg im vergeblichen Bemühen um die Perfektion eines Textes, dabei besteht ja auch die Gefahr, dass wir uns selbst und allen anderen gegenüber unduldsam werden.

Ich glaube, dass sich vieles verändert hat, nicht immer zum Besseren. Man hat fast den Eindruck, dass Zeitungen eher bereit sind, junge Literatinnen in einer Fotostrecke ihrer Hochglanzbeilagen zu präsentieren, als der Literatur auf den Kulturseiten Raum zu geben. Dort dominieren seit langem Besprechungen von Bands, die auf mich jedenfalls den Eindruck machen, dass sie eigentlich als PR gekennzeichnet werden müssten.

Marketing ist wohl ein ganz wunder Punkt. Vor etwa vierzig Jahren erfuhr ich durch Zufall, dass ein Verlag in die Werbung für ein Buch mehr als das Dreißigfache meines Übersetzungshonorars investiert hatte. Ich hatte drei Monate lang sieben Tage die Woche nie weniger als zehn Stunden an diesem Eilauftrag gearbeitet. Viel später habe ich mich einmal beklagt, dass meine Bücher so schlechte Verkaufszahlen hatten, und gemeint, das läge wohl auch daran, dass sie gar nicht beworben wurden. Da wurde mir erklärt, dass ein Buch nur im Rahmen dessen beworben würde, was es einbringe. Womit sich natürlich der Kreis schließt.

Bis dahin war ich der irrigen Meinung gewesen, ein gut verkaufter Titel könne weniger gut verkauften, die dem Verlag wichtig erschienen (fast hätte ich geschrieben: am Herzen lägen), eine Chance geben. Aber, wie heißt es doch: „Wer hat, dem wird gegeben …"

Inzwischen ist ja die Präsenz im Internet möglicherweise wichtiger als jede andere Form der Werbung. Ich habe leider so schlechte Erfahrungen gemacht, dass ich mich vor dem Computer fürchte. Ich weiß nicht mehr, wie oft er mir einen Text gelöscht hat und nicht einmal meine sehr kluge Enkelin konnte ihn wiederherstellen. Natürlich waren das mit schöner Regelmäßigkeit die besten Texte, die ich je geschrieben hatte. Daher habe ich keine Homepage, und Surfen im Internet kommt für mich nicht in Frage. Beinahe alles, was über Tippen hinausgeht, erzeugt ein mulmiges Gefühl in mir. „Lass die Finger davon, du machst alles nur kaputt!"

Es passt nicht zu mir, ich weiß, ich bin doch sonst neugierig wie eh und je und auch noch stolz darauf. Vielleicht ist es auch zu bequem, meine Enkelin anzurufen und zu bitten, dass sie vorbeikommt und mein Problem löst. Außerdem sehe ich sie gern.

In den letzten Jahren wurden meine neuen Bücher gelobt und sogar gut verkauft, das war natürlich schön für mich nach einer langen Durststrecke, aber die Freude war doch auch gedämpft, weil wir uns von einem chronisch kranken Freund verabschieden mussten, der für viele ein Hoffnungsträger gewesen war, dann von der großzügigsten, tapfersten Freundin, die ein Netz aus Liebe um alle spannte, mit denen sie zu tun hatte.

Bei einer Routineuntersuchung wurde ein Aneurysma an der Aorta meines Mannes festgestellt. Es dauerte ein paar Tage, bis es zu mir durchdrang, in welcher Gefahr Shiraz schwebte, ich konnte nicht verstehen, warum er nicht sofort operiert wurde, warum er, der selbst Arzt ist, nicht wenigstens eine zweite Meinung einholte. Der Kollege sei ihm sympathisch gewesen, das genüge, und er sei ein Patient wie jeder andere. Ich glaube, Shiraz schaffte es tatsächlich, gelassen zu sein. Ich kämpfte um Normalität, die Angst fraß nach innen. Am 30. August fuhren wir zur Hochzeit unseres älteren Neffen nach Italien.

In der Nacht hatte ich einen Schlaganfall und wurde mit dem Rettungsboot von der Isola del Pescatore ans Festland gebracht. Shiraz durfte nicht mitkommen.

Die Fahrt in die Klinik war lange. Als man mich von der Trage auf ein Bett hob, spürte ich es warm über meine Beine rinnen. Ich konnte mich nicht bewegen, konnte nicht reden, schämte mich. Man rollte mich über endlose Gänge. Neben mir im Bett lag etwas Großes, Widerliches, das war empörend, ich wollte es hinauswerfen, das gelang mir nicht. Ich schlug darauf, eine Schwester hielt meine Hände fest, zeigte auf mein rechtes Bein, dann auf das Ding. Es war mein linkes Bein.

Ich konnte nicht sprechen, konnte nicht denken. Nichts konnte ich.

Zwei Schwestern wuschen mich im Bett, rollten mich in ein Leintuch, zogen mir ein Nachthemd an. Eine kämmte mir die Haare, drückte mich an ihre weiche Brust, wiegte mich hin und her und murmelte: Oh, poverina.

Da fing ich an zu weinen. Seither weiß ich, was das Paradies ist.

Sie musste mich waschen, das war ihr Job, aber sie musste mich nicht wiegen wie ein Kind. Wiegend holte sie mich zurück.

Einen Tag nachdem ich aus der Klinik entlassen worden war, wurde mein Mann endlich operiert. Die Operation dauerte etliche Stunden länger als vorgesehen. Als der erlösende Anruf kam, fiel mir das Telefon fast aus der Hand. Immer wieder Schockerlebnisse, Besuchsverbot, am Telefon wirkte Shiraz völlig verwirrt. Als ich ihn endlich hätte besuchen dürfen, war die Station gesperrt. Quarantäne. Niemand, den ich um Auskunft hätte bitten können. Endlich ging die Tür einen Spalt auf. „Wen suchen S'? Hab'n ma net." Tür ins Gesicht geknallt. Eine Reinigungskraft erbarmte sich.

„Nur drei Minuten, ist eh niemand auf der Station." Die Naht reichte vom Brustbein bis zum Schambein, sah aus wie ein Reißverschluss. Ich wusste nicht wohin mit meiner Zärtlichkeit und Dankbarkeit.

Sprechen können, gehen können macht Freude. Freude will geteilt sein. Jetzt vielleicht mehr als in ruhigeren Zeiten.

Verwurlt, aber lebendig.

BIOGRAFIEN

BETTINA BALÀKA, geboren in Salzburg, lebt als freie Schriftstellerin in Wien, schreibt Romane, Erzählungen, Lyrik, Essays. Ausgezeichnet unter anderem mit dem Salzburger Lyrikpreis, Österreich-1-Essay-Preis, Friedrich-Schiedel-Literaturpreis, Elias-Canetti-Stipendium, Georg-Trakl-Förderungspreis für Lyrik, Kinderbuchpreis der Jury der jungen Leser*innen. Zuletzt erschienen: *Die Tauben von Brünn* (2019), *Bettina Balàka über Eugenie Schwarzwald* (2020) sowie das Kinderbuch *Dicke Biber* (2021).
www.balaka.at

ZDENKA BECKER, geboren in Eger, Tschechien. Studium an der Wirtschaftsuniversität in Bratislava und am Dolmetschinstitut in Wien. Freie Autorin. Zahlreiche Preise, zuletzt Würdigungspreis des Landes Niederösterreich 2014, Jakob-Prandtauer-Preis 2016, Großes Ehrenzeichen für Verdienste um das Bundesland Niederösterreich 2022. Schreibt Romane, Lyrik, Drehbücher, Radiobeiträge, Theaterstücke. Kolumnistin bei der Zeitschrift „morgen". Zuletzt erschienen: *Ein fesches Dirndl* (2019), *Es ist schon fast halb zwölf* (2022).
www.zdenkabecker.at

ALIDA BREMER, geboren in Split, lebt in Münster. Literaturwissenschaftlerin und Autorin; zuletzt erschien ihr Roman *Träume und Kulissen* (2021). Als Übersetzerin aus dem Kroatischen bekam sie zahlreiche Stipendien und Auszeichnungen, zuletzt das Barthold-Heinrich-Brockes-Stipendium (2020). 2018 wurde sie zusammen mit Ivana Sajko mit dem Internationalen Literaturpreis des Hauses der Kulturen der Welt, mit Dino Pešut mit dem Deutschen Jugendtheaterpreis und mit Iva Brdar mit dem Brücke Berlin Theaterpreis ausgezeichnet. www.alida-bremer.de

RUTH CERHA, geboren in Wien. Nach einer klassischen musikalischen Ausbildung studierte sie Psychologie, arbeitete mit verschiedenen Bands, komponierte fürs Theater und für Kunstprojekte. Seit 2005 schrieb und veröffentlichte sie einen Erzählband, vier Romane (zuletzt *Traumrakete*, 2018), Gedichte sowie Texte über Kunst und Psychologie. In den letzten Jahren widmet sie sich vermehrt der musikalischen Improvisation und der Verbindung unterschiedlicher künstlerischer Ausdrucksformen. www.ruthcerha.com

ULRIKE DRAESNER, geboren in München, schreibt Gedichte, Erzählungen, Romane sowie Essays. Zuletzt erschienen der Gedichtband *hell & hörig* (2022) und der Roman *Die Verwandelten* (2023). U. a. in Oxford, Bamberg und Frankfurt hielt sie Poetikvorlesungen und ist seit 2018 Professorin für literarisches Schreiben am Deutschen Literaturinstitut in Leipzig. Zahlreiche Auszeichnungen, zuletzt: Preis der Literatour Nord (2020), GEDOK Literaturpreis (2020), Deutscher Preis für Nature Writing (2020), Großer Preis des Deutschen Literaturfonds (2021). Mitglied der Akademie der Künste Berlin und der Deutschen Akademie für Sprache und Dichtung.
www.draesner.de

BARBARA FRISCHMUTH, geboren in Altaussee. Studierte Türkisch, Ungarisch und Orientalistik. Zu ihren größten Erfolgen zählen die Romane *Die Klosterschule* (1968), *Die Mystifikationen der Sophie Silber* (1976) oder *Kai und die Liebe zu den Modellen* (1979). Zahlreiche Auszeichnungen, zuletzt Ehrenpreis des österreichischen Buchhandels für Toleranz in Denken und Handeln, Österreichisches Ehrenkreuz für Wissenschaft und Kunst I. Klasse, Ehrenring des Landes Steiermark. Zuletzt erschienen: *Natur und die Versuche,*

ihr mit Sprache beizukommen (2021) und *Schaufel, Rechen, Gartenschere* (2023).
https://barbarafrischmuth.at

MARIANNE GRUBER, geboren in Wien, studierte Medizin, Psychologie bei Viktor Frankl und Klavier am Konservatorium der Stadt Wien. Moderation des „Club 2" im ORF, von 1991 bis 1994 Leiterin des Literaturkreises Podium, von 1994 bis 2014 Präsidentin der Österreichischen Gesellschaft für Literatur. Zu ihren Romanen gehören *Windstille* (1991), *Ins Schloss* (2004) und *Erinnerungen eines Narren* (2012). Zahlreiche Auszeichnungen, darunter Österreichischer Würdigungspreis für Literatur, Goldenes Ehrenzeichen für Verdienste um das Land Wien, Kulturpreis des Landes Burgenland.
www.mariannegruber.com

BARBARA HONIGMANN, geboren 1949 in Ostberlin nach der Rückkehr der Eltern aus der englischen Emigration. Studium der Theaterwissenschaft, Arbeit als Dramaturgin und Regisseurin. Seit 1976 freischaffende Autorin und Malerin. 1984 reiste sie mit ihrer Familie aus der DDR aus und lebt seitdem in Straßburg. Zahlreiche Preise, darunter Kleist-Preis 2000, Koret Jewish Book

Award 2004, Bremer Literaturpreis 2020 und zuletzt den Literaturpreis der Konrad-Adenauer-Stiftung 2022. Ihre Bücher erscheinen im Hanser Verlag. Zuletzt: *Chronik meiner Straße* (2015), *Georg* (2019), *Unverschämt jüdisch* (2021).

BARBARA HUNDEGGER, geboren in Hall in Tirol, freie Schriftstellerin in Innsbruck. Langjähriges Engagement in der Autonomen Frauenbewegung. Auszeichnungen u. a.: Österreichischer Kunstpreis für Literatur 2021, Tiroler Landespreis für Kunst 2020, Anton-Wildgans-Preis 2014. Veröffentlichungen u. a.: *[anich.atmosphären.atlas]* (Lyrik, 2019), *wie ein mensch der umdreht geht – dantes läuterungen reloaded* (Lyrik, 2014), *schreiben-nichtschreiben* (Lyrik, 2009), *rom sehen und* (Lyrik, 2006), alle Haymon-Verlag; *mein wörterkopfball kämpft mit wind* (Innsbrucker Poetik-Vorlesungen 2, innsbruck university press, 2018).

MARGRET KREIDL, geboren in Salzburg, lebt als freie Schriftstellerin in Wien. Lehrbeauftragte am Max Reinhardt Seminar. Lyrik, Prosa, Theaterstücke, Hörspiele, Textinstallationen. Buchveröffentlichungen, zuletzt: *Schlüssel zum Offenen. Gedichte* (2021). Aufführungen, zuletzt: *Dankbare Frauen. Komödie,* ins Hebräische

übersetzt von Yotam Benshalom, Tel Aviv 2022. Auszeichnungen, zuletzt: Preis für Literatur der Stadt Wien 2021.
www.literaturport.de/Margret.Kreidl

KATJA OSKAMP, geboren in Leipzig, studierte am Deutschen Literaturinstitut Leipzig, lebt in Berlin. Sie veröffentlichte den Erzählband *Halbschwimmer*, die Romane *Die Staubfängerin* und *Hellersdorfer Perle* sowie 2019 *Marzahn, mon amour. Geschichten einer Fußpflegerin.* Rauriser Literaturpreis, Anna-Seghers-Preis.
www.katja-oskamp.com

SABINE SCHOLL studierte Germanistik, Geschichte, Theaterwissenschaften in Wien, lebte und lehrte in Portugal, USA, Japan, Wien, Leipzig und Berlin. Zahlreiche Preise, zuletzt: Anton-Wildgans-Preis 2018, Kulturpreis des Landes Oberösterreich für Literatur 2019, Preis für Literatur der Stadt Wien 2022. Zuletzt erschienen: *Lebendiges Erinnern – Wie Geschichte in Literatur verwandelt wird* (2021) sowie der Roman *Die im Schatten, die im Licht* (2022).
https://sabinescholl.com

KATRIN SEDDIG, geboren in Strausberg in der DDR, lebt seit 1994 in Hamburg. 2008 und 2015 erhielt sie den Förderpreis für Literatur der Stadt Hamburg, 2019 den Literaturpreis der Stadt Hamburg, 2020 das Calwer Hermann-Hesse-Stipendium und den Hubert-Fichte-Preis. Sie ist Mitglied der Hamburger Lesebühne „Liebe für alle" und seit 2013 Kolumnistin bei der taz. 2023 erscheint ihr sechster Roman, *Nadine* (alle bei Rowohlt Berlin).

LINDA STIFT, geboren in Wagna/Steiermark; Studium der Germanistik in Wien. Autorin und Redakteurin, lebt in Wien. Zahlreiche Veröffentlichungen in Anthologien und Literaturzeitschriften. Bücher: *Kingpeng*, Roman (2005), *Stierhunger*, Roman (2007), *Alle Wege*, Anthologie, Hrsg. (2010), *Kein einziger Tag*, Roman (2011), *Unter den Steinen*, Erzählung (Hanser Box 2015, E-Book). Alfred-Gesswein-Literaturpreis 2007. Seit 2018 Redakteurin des „Spectrum" der Tageszeitung Die Presse.

MARLENE STREERUWITZ, in Baden bei Wien geboren, studierte Slawistik und Kunstgeschichte und begann als Regisseurin und Autorin von Theaterstücken und Hörspielen. Für ihre Romane erhielt sie zahlreiche

Auszeichnungen, darunter zuletzt den Bremer Literaturpreis und den Preis der Literaturhäuser. Ihr Roman *Die Schmerzmacherin.* stand 2011 auf der Shortlist für den Deutschen Buchpreis. Zuletzt erschienen der Roman *Flammenwand.* (Longlist Deutscher Buchpreis 2019), die Breitbach-Poetikvorlesung *Geschlecht. Zahl. Fall.* (2021) sowie der Roman *Tage im Mai* (2023). www.marlenestreeruwitz.at

RENATE WELSH, geboren in Wien. Studierte Englisch, Spanisch und Staatswissenschaften, arbeitete als freie Übersetzerin und beim British Council in Wien. Autorin zahlreicher Kinder- und Jugendbücher, u. a. *Das Vamperl* (1979), und Romane, u. a. *Großmutters Schuhe* (2008). Zuletzt erschienen *Kieselsteine: Geschichten einer Kindheit* (2019), *Die alte Johanna* (2021) und *Hoffnung lebt vom Trotzdem* (2022). Zahlreiche Auszeichnungen, u. a. sechsmal Österreichischer Staatspreis für Kinder- und Jugendliteratur, Österreichischer Würdigungspreis, Würdigungspreis des Landes Niederösterreich für Literatur, Deutscher Jugendliteraturpreis, Theodor-Kramer-Preis, Preis der Stadt Wien für Literatur.

Literatur bei leykam:
Für alle, die wir lieben

Zurück zu echten Begegnungen

Die Pandemie hat uns gelehrt, wie wertvoll echte Begegnungen sind und dass wir gewisse Dinge nicht aufschieben sollten – etwa Gespräche mit Menschen, die uns nahestehen und über die wir manchmal viel weniger wissen, als wir denken. Seien es Eltern, Großeltern, Kinder, Geschwister oder enge Freund*innen. Aus diesem Bedürfnis heraus haben die Illustratorin Sabine Presslauer und die Autorin Nava Ebrahimi »Einander« entwickelt. Ein Buch, das mit Fragen und Geschichten dazu verleitet, Erinnerungen auszugraben, Gemeinsames und Verborgenes zu entdecken. Als Wendebuch mit zwei Anfängen konzipiert, verläuft das Ausfüllen und Lesen wie ein Dialog, bei dem zwei Menschen aufeinander zugehen und sich in der Mitte treffen.

128 Seiten, Halbleinen | ISBN 978-3-7011-8203-9 | € 20,–

3. Auflage 2023
Copyright © Leykam Buchverlagsgesellschaft m.b.H. & Co. KG,
Graz – Wien – Berlin 2023

Kein Teil des Werkes darf in irgendeiner Form (durch Fotografie,
Mikrofilm oder ein anderes Verfahren) ohne schriftliche Genehmigung
des Verlages reproduziert oder unter Verwendung elektronischer
Systeme verarbeitet, vervielfältigt oder verbreitet werden.

Umschlaggestaltung: Florine Glück und Christine Fischer
Illustrationen: Florine Glück
Satz und Typografie: Gerhard Gauster
Lektorat: Bettina Balàka
Druck: FINIDR, s.r.o.
Gesamtherstellung: Leykam Buchverlag

www.leykamverlag.at
ISBN 978-3-7011-8263-3

Klimaneutral gedruckt mit freundlicher Unterstützung durch
die Kulturabteilung der Stadt Wien, durch das Land Tirol,
Land Niederösterreich und Land Steiermark.